AF474230

ÉCOLES D'ENSEIGNEMENT MUTUEL.

NOUVEAUX TABLEAUX DE LECTURE

seuls

ADOPTÉS P[illegible]CIÉTÉ POUR L'INSTRUCTION ÉLÉMENTAIRE;

PAR M. A. PEIGNÉ.

Deux avantages principaux distinguent particulièrement cette nouvelle méthode de lecture : 1° l'*épellation en est totalement proscrite ; 2° ce n'est que quand l'enfant sait lire* COURAMMENT *qu'il est initié aux bizarreries ortographiques*, puisque, jusqu'à la 6e classe, *le même signe a toujours la même valeur*, et que *deux signes différents ne remplissent jamais la même fonction.*

Il suit de là que la méthode se divise en *deux* parties : *Ortographie régulière* et *Ortographie irrégulière.*

L'ortographie régulière comprend les *cinq* premières classes ; l'ortographie irrégulière comprend les *trois* autres.

ORTOGRAPHIE RÉGULIÈRE.

1re CLASSE : (de 1 à 9.) 1° SONS ET ARTICULATIONS SIMPLES, *monogrammes* (c. à. d. *représentés par une seule lettre*); 2° SONS ARTICULÉS.

Ex. : *a, e, i, o, u ; — b, c, d, f ; — ac, al, il, or.*

2me CLASSE : (de 10 à 13). SONS SIMPLES, *polygrammes* (c. à. d. *représentés par plus d'une lettre*).

Ex. : *eu, ou, an, in, on, oi* (1), etc. ; *eur, ouf, bon, cour,* etc.

3me CLASSE : (de 14 à 16). ARTICULATIONS SIMPLES, *polygrammes.*

Ex. : *ch, gn, ill ; char, vigne, feuille.*

4me CLASSE : (de 17 à 20.) SONS COMPOSÉS.

Ex. : *ia, ié, iè, io, ian,* etc. ; *iol, bien, lieu,* etc.

5me CLASSE : (de 21 à 24). ARTICULATIONS COMPOSÉES.

Ex. : *bl, cl, fl, br, cr, fr ; cran, trou.*

ORTOGRAPHIE IRRÉGULIÈRE.

6me CLASSE : (de 25 à 33). 1° SIGNES ÉQUIVALENTS : *Sons* et *articulations* (4 tabl.).
2° LETTRES NULLES : *Sons* et *articulations* (5 tabl.).

7me CLASSE : (de 34 à 39). 1° VALEURS EXCEPTIONNELLES DE QUELQUES LETTRES : *Sons* et *articulations* (4 tabl.).
2° AUTRES SIGNES ÉQUIVALENTS, LETTRES NULLES ET VALEURS EXCEPTIONNELLES (*cas rares*), 2 tabl.

8me CLASSE : (de 40 à 49). 1° AUTRES FORMES DES LETTRES, PONCTUATION, ABRÉVIATIONS (1 tabl.).
2° LECTURE COURANTE (9 tabl.).

Dans chaque classe de la 1re partie, on lit d'abord des *lettres*, puis des *syllabes*, puis des *mots*, puis enfin des *phrases*. Dans la 2e partie, on ne lit plus de *syllabes*.

PROCÉDÉS.

☞ (En conséquence des changements apportés aux procédés pendant l'impression, le maître devra suivre *exactement* les procédés de ce tableau, sans avoir égard à ceux qui se trouvent au bas des autres.)

Les trois procédés d'un tableau de *lettres* s'appliquent à tous les tableaux de *lettres ;* les trois procédés d'un tableau de *syllabes*, de *mots* ou de *phrases* sont les mêmes pour tous les autres tableaux de *syllabes*, de *mots* ou de *phrases.*

(1) J'ai rangé le son *oi* parmi les sons simples, car il n'est pas divisible comme les sons composés.

TABLEAUX DE LETTRES.

1er PROCÉDÉ. — Le moniteur indique une lettre avec la baguette, et en même temps *il la nomme* (1); l'élève la nomme après lui. (Suivre l'ordre des lettres.)

2me PROCÉDÉ. — Le moniteur indique une lettre, *sans la nommer ;* l'élève la nomme. (Ne plus suivre aucun ordre.)

3me PROCÉDÉ. — Le moniteur énonce une lettre, et l'élève l'indique sur le tableau. (Les lettres prises au hasard, comme dans le deuxième procédé.)

TABLEAUX DE SYLLABES DE MOTS ET DE PHRASES.

1er PROCÉDÉ. — Le moniteur énonce distinctement, et montre en même temps avec la baguette, soit une syllabe *entière*, soit un mot, *en syllabant :* l'élève répète après lui. — Ainsi, pour les syllabes *ab, ba, bol, cour, bla, brun*, le moniteur dit *ab, ba, bol;* l'élève répète (2).

Pour les mots *ami, chagrin, franchir*, le moniteur dit *a-mi, cha-grin, fran-chir ;* l'élève répète.

Il en est de même pour les *phrases*, c'est-à-dire que chaque élève énonce un mot à son tour après le moniteur.

2me PROCÉDÉ. — Le moniteur indique, soit une syllabe, soit un mot, *sans parler ;* l'élève dit la syllabe ou le mot (3).

3me PROCÉDÉ. — *Tableau retourné.* Le Moniteur dit une syllabe ou un mot, les élèves décomposent.

1° Pour les *syllabes.*

	1er ÉLÈVE.	2e.	3e.	4e
ab :	ab	a	b	ab.
sac :	sac	s	ac	sac.
mon :	mon	m	on	mon.
brun :	brun	br	un	brun.

2° Pour les *mots.*

	1er ÉLÈVE.	2e.	3e.	4e.
ami :	a-mi	a	m-i	ami.
mouton :	mou-ton	m-ou	t-on	mouton.
grandir :	gran-dir	gr-an	d-ir	grandir.

On remarquera que ce 3me procédé diffère un peu pour la 6me classe (*équivalents, lettres nulles*) et pour la 7me *valeurs exceptionnelles*). Ainsi pour décomposer.

ry (de *jury*) l'élève dira . *r-i* (*par* Y).
pau (de *pauvre*) . . . . *p-ô* (*par* AU).
men (de *mentir*) . . . . *m-an* (*par* E).
fai (de *faire*) . . . . *f-è* (*par* A-I).
pei (de *peine*) . . . . *p-è* (*par* E-I).
lain (de *poulain*) . . . . . . *l-in* (*par* A *nul*).
ppui (de *appui*) . . . . *p-ui* (*par* P *redoublé*).
cat (de *avocat*) . . . . *c-a* (*par* T *nul*).
fe (de *femme*) . . . . *f-a* (*par* E).
fer (de *enfer*) . . . . *f-èr* (*par* E).
nez (de *venez*) . . . . *n-é* (*par* E-Z).
ce (de *pouce*) . . . . *s* (*par* C) et *e.*
soir (de *rasoir*) . . . . *z* (*par* S) et *oir.*
tion (de *portion*) . . . . *s* (*par* T) et *ion.*

(1) Remarquez que *ou, eu, on, ia, ian, ion, ch, gn, ill, bl, cl, dr, fr, scr*, etc., ne comptent que *pour une lettre.* On les lit comme les caractères simples, *a, e, b, c, d*, c'est-à-dire d'une seule émission de voix.

(2) Les syllabes commençant par un son (*syllabaire inverse*) se lisent horizontalement ; les syllabes commençant par une articulation (*syllabaire direct*) se lisent verticalement. Dans les deux cas, le moniteur, avant de faire lire une colonne, doit énoncer le *son* qui commence cette colonne. Ainsi, pour la colonne horizontale *ob*, il dira d'abord *o ;* pour la colonne verticale *bi*, il dira d'abord *i.*

(3) *Mots de la sixième classe et de la septième.* — Si *tous* les élèves se trompent, le moniteur fait relire le premier mot d'une série, sous lequel se trouve le son *naturel*, ou qui a une lettre *blanche nulle ;* puis on reprend le mot mal lu, et l'on continue.

8e CLASSE. — LECTURE COURANTE.

1er PROCÉDÉ. — Le 1er élève lit un *mot ;* le 2me, le mot suivant, *et ainsi de suite.*

2me PROCÉDÉ. — Le 1er élève lit une *phrase ;* le 2me, la phrase suivante, *et ainsi de suite.*

3me PROCÉDÉ. — *Décomposition.* — Soit : *La vie d'un père est un sacrifice continuel.*

1er ÉLÈVE. *la :* — l, a.
2me — *vie :* — v, i (E *nul*).
3me — *d'un :* — d, apostrophe, un.
4me — *père :* — p, è ; r, e.
5me — *est :* — è (*par* E) st *nul.*
6me — *un :* — un.
7me — *sa-cri-fi-ce :* — s, a ; - cr, i ; - f, i ; - s (*par* c) e.
8me — *con-ti-nuel :* — c, on ; - t, i ; - n, u ; - el (*par* E).

COMPOSITION DES TABLEAUX.

Je n'ai fait entrer dans ces tableaux que les syllabes qui se rencontrent dans les mots de notre langue.

Autant que cela m'a été possible, j'ai choisi les mots les plus usuels et les plus faciles à comprendre.

J'ai détaché du reste du mot la syllabe où se trouve un des sons ou une des articulations que l'on apprend dans telle ou telle classe. Ainsi, dans la 5me classe, par exemple, où l'on étudie les *articulations composées*, j'ai séparé la 1re syllabe *plé* du reste du mot *plénitude*, et, de plus, j'ai séparé l'articulation du son avec lequel elle fait syllabe. J'ai suivi ce système pour le commencement des tableaux de phrases.

Je n'ai pas cru devoir faire lire des phrases offrant un sens suivi, c'est-à-dire un récit ou une histoire ; cela m'eût été presque impossible, surtout pour les trois premières classes, puisque je n'avais alors qu'un très petit nombre de mots à ma disposition. J'ai préféré adopter une marche uniforme. Je fais d'abord lire des substantifs (c'est en quelque sorte une *suite* au tableau précédent) ; puis un substantif suivi d'un adjectif ; puis deux substantifs unis par une préposition ; puis un substantif et un adjectif joints par le verbe *être ;* enfin, de petites phrases offrant une proposition complète. Par ce moyen je fais reparaître pour ainsi dire à chaque mot les difficultés qu'étudie l'élève, et c'est ainsi qu'il se les rend bientôt familières.

Si je n'ai point parlé de l'*apostrophe*, c'est que l'enfant doit lire *sans y faire attention.* Quant au *tréma*, le maître lui en apprendra la valeur ; il lui dira aussi que *les lettres blanches ne se lisent pas ;* enfin, il lui fera connaître, à l'occasion, les règles de la *liaison des mots* et de la *ponctuation.* Pour les règles de lecture, je renvoie à ma méthode in-12, qui se trouve aussi chez le libraire de la Société.

J'aime à croire que l'on voudra bien reconnaître qu'il était difficile de concevoir une disposition plus méthodique, par conséquent plus simple et plus claire que celle que j'ai adoptée, puisque, procédant par degrés et d'une manière toujours uniforme, je conduis scrupuleusement l'élève du connu à l'inconnu, du simple au composé.

Qu'il me soit permis, en terminant, d'offrir l'expression de ma gratitude à MM. Francœur, Jomard (1), Dufau et Lourmand, membres de la commission spéciale d'examen. Je prie aussi M. Boniface de recevoir ici mes sincères remerciements, pour son infatigable obligeance et pour les notables améliorations dont je lui suis redevable.

(1) On sait que M. Jomard, l'un des plus zélés et des plus savants propagateurs de l'enseignement mutuel en France, est aussi l'un des auteurs des premiers tableaux de lecture publiés en 1815. Je ne puis trop reconnaître la noblesse de son désintéressement, ainsi que son extrême complaisance.

CHEZ LOUIS COLAS,
LIBRAIRE DE LA SOCIÉTÉ POUR L'INSTRUCTION ÉLÉMENTAIRE, RUE DAUPHINE, N° 32.

IMPRIMERIE DE CASIMIR,
RUE DE LA VIEILLE-MONNAIE, N° 12, QUARTIER DES LOMBARDS.

ÉCOLES ÉLÉMENTAIRES. — *Lecture.*

1re Classe. SONS SIMPLES-*Monogrammes.* N° 1.

LETTRES.

a se prononce comme dans — **papa**

e — **venir**

é — **été**

è — **mère**

i — **midi**

o — **mode**

u — **lune**

Ce signe ^ placé au-dessus d'une lettre indique que le son est long.

â se prononce comme dans — **pâte**

ê — **fête**

î — **dîné**

ô — **rôle**

û — **mûre**

è î e u é ô a ê i o

i u é î ô ê û o â e

1er Procédé. — Le Moniteur montrant le son A, par exemple, *dit* A; l'Élève répète A.

2me Procédé. — Le Moniteur montre un son *sans le nommer;* l'Élève le nomme. (*La pratique de ce procédé a lieu sur les sons mélangés.*)

3me Procédé. — Le Moniteur.... : « Montrez è..... » L'Élève indique la lettre demandée. (*La pratique de ce procédé a lieu sur* TOUS *les sons du Tableau.*)

NOUVELLE MÉTHODE DE LECTURE, PAR M. PEIGNÉ.

CHEZ LOUIS COLAS, LIBRAIRE DE LA SOCIÉTÉ POUR L'INSTRUCTION ÉLÉMENTAIRE, RUE DAUPHINE, N° 32.

IMPRIMERIE DE CASIMIR, RUE DE LA VIEILLE-MONNAIE, N° 12, QUARTIER DES LOMBARDS.

ÉCOLES ÉLÉMENTAIRES. — *Lecture.*

1re Classe. ARTICULATIONS SIMPLES - *Monogrammes.* N° 2.

LETTRES.

b	prononcez très faiblement ———	**be**	comme dans ———	**robe**
c	———	**que**	———	**roc**
d	———	**de**	———	**sud**
f	———	**fe**	———	**vif**
g	———	**gue**	———	**zig-zag**
j	———	**je**	———	**jeton**
l	———	**le**	———	**fil**
m	———	**me**	———	**dame**
n	———	**ne**	———	**âne**
p	———	**pe**	———	**cap**
r	———	**re**	———	**cor**
s	———	**se**	———	**vis**
t	———	**te**	———	**dot**
v	———	**ve**	———	**rave**
z	———	**ze**	———	**gaze**

*** b p d t v f z s g c — l r m n j**

**** n f i r v é j m ô d p a g t è z l u b s e c**

1er Procédé. — Le Moniteur montrant l'articulation b, par exemple, *dit* b; l'Élève répète b.

2me Procédé. — Le Moniteur montre une articulation *sans la nommer;* l'Élève la nomme.

(*La pratique de ce procédé a lieu sur les* articulations mélangées *.)

3me Procédé. — Le Moniteur : « Montrez p... » L'Élève indique la lettre demandée.

(*La pratique de ce procédé a lieu sur les* sons *et sur les* articulations *confondus* **.)

Nouvelle méthode de lecture, par M. Peigné.

CHEZ LOUIS COLAS,
Libraire de la Société pour l'instruction élémentaire, rue Dauphine, n° 32.

IMPRIMERIE DE CASIMIR,
rue de la Vieille-Monnaie, n° 12, quartier des Lombards.

ÉCOLES ÉLÉMENTAIRES. — *Lecture.*

1re Classe. SONS *simples-monogrammes* et ARTICULATIONS *simples-monogrammes.* **N° 3.**

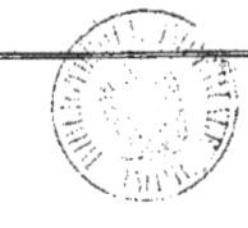

SYLLABES.

	b	c	d	f	g	j	l	m	p	r	s	t	v	z
a	ab	ac	ad	af	ag	aj	al	am	ap	ar	as	at	av	az
i	ib	ic	id	if	ig	ij	il	im	ip	ir	is	it	iv	iz
o	ob	oc	od	of	og	oj	ol	om	op	or	os	ot	ov	oz
u	ub	uc	ud	uf	ug	uj	ul	um	up	ur	us	ut	uv	uz

ic	ud	ag	im	ur	as	op	uc	ol
ac	ad	uf	up	os	oz	al	or	am
ub	of	ap	il	og	it	us	az	if
ar	ob	id	af	at	oc	ul	op	ab

1er Procédé. — Soit ab. Le Moniteur masque l'articulation b, et l'Élève dit a; le Moniteur découvre l'articulation, et l'Élève dit ab.

2me Procédé. — Le Moniteur indique la syllabe sans la nommer, l'Élève la prononce.

(*Ce procédé a lieu sur les syllabes mélangées.*)

3me Procédé. — Le Moniteur : « Montrez or. » (Le Moniteur indique au besoin, *avec la baguette*, le son o à la première colonne, et l'articulation r en tête du Tableau.)

(*La pratique de ce procédé a lieu sur la première partie du Tableau.*)

NOUVELLE MÉTHODE DE LECTURE, PAR M. PEIGNÉ.

CHEZ LOUIS COLAS,
LIBRAIRE DE LA SOCIÉTÉ POUR L'INSTRUCTION ÉLÉMENTAIRE, RUE DAUPHINE, N° 32.

IMPRIMERIE DE CASIMIR,
RUE DE LA VIEILLE-MONNAIE, N° 12, QUARTIER DES LOMBARDS.

ÉCOLES ÉLÉMENTAIRES. — *Lecture.*

1re Classe. ARTICULATIONS *simples-monogrammes* et SONS *simples-monogrammes.* N° 4.

SYLLABES.

	a	e	é	è	ê	i	o	u
b	ba	be	bé	bè	bê	bi	bo	bu
c	ca	»	»	»	»	»	co	cu
d	da	de	dé	dè	dê	di	do	du
f	fa	fe	fé	fè	fê	fi	fo	fu
g	ga	»	»	»	»	»	go	gu
j	ja	je	jé	jè	jê	ji	jo	ju
l	la	le	lé	lè	lê	li	lo	lu
m	ma	me	mé	mè	mê	mi	mo	mu
n	na	ne	né	nè	nê	ni	no	nu
p	pa	pe	pé	pè	pê	pi	po	pu
r	ra	re	ré	rè	rê	ri	ro	ru
s	sa	se	sé	sè	sê	si	so	su
t	ta	te	té	tè	tê	ti	to	tu
v	va	ve	vé	vè	vê	vi	vo	vu
z	za	ze	zé	zè	zê	zi	zo	zu

1er Procédé. — Soit BA. Le Moniteur masque l'articulation B, et l'Élève dit A; le Moniteur démasque l'articulation, et l'Élève dit BA.

2me Procédé. — Le Moniteur indique la syllabe entière, l'Élève la prononce.

3me Procédé. — Le Moniteur : « Montrez PO. » (Le Moniteur indique au besoin, *avec la baguette*, l'articulation P à la première colonne, et le son O en tête du Tableau.)

NOUVELLE MÉTHODE DE LECTURE, PAR M. PEIGNÉ.

CHEZ LOUIS COLAS,
LIBRAIRE DE LA SOCIÉTÉ POUR L'INSTRUCTION ÉLÉMENTAIRE, RUE DAUPHINE, N° 32.

IMPRIMERIE DE CASIMIR,
RUE DE LA VIEILLE-MONNAIE, N° 12, QUARTIER DES LOMBARDS.

ÉCOLES ÉLÉMENTAIRES. — *Lecture.*

1re Classe. ARTICULATIONS *simples-monogrammes* et SONS *simples-monogrammes.* **N° 5.**

MOTS.

as	ca ve	î le	pi le	a do ré	mé ri te
dé	cô te	jo li	pi pe	al co ve	mi nu te
fi	cu ré	ju pe	ra de	ar ca de	na tu re
if	da me	la me	ra me	a rê te	na vi re
la	da te	li me	râ pe	a va re	o bo le
nu	dé fi	li re	ra ve	bo bi ne	o pé ra
or	dé jà	lu ne	rê ve	ca ba le	pa ra de
os	de mi	mâ le	ri re	ca na pé	pe lo te
sa	dî né	ma ri	rô le	do mi no	pu re té
si	di re	mê me	rô ti	du re té	re mè de
tu	du pe	me nu	si re	é co le	sa la de
va	é cu	mè re	so fa	é cu me	so li de
ac te	é pi	mi di	tê te	é lè ve	ti mi de
a me	é té	mi ne	tô le	é pi ne	tu li pe
a mi	fê te	mo de	vê tu	é tu de	u ti le
â ne	fè ve	or me	vi de	fi gu re	va ni té
ar me	fi le	pa pa	zè le	i do le	vé ri té
bê te	ga le	pa ri	zé lé	ju ju be	vi pè re
ca fé	ga ze	pè re	zé ro	lé gu me	vo lu me

1er Procédé. — Soit AMI. Le Moniteur indique d'abord les sons A et I; l'Élève les prononce *seuls;* puis, reprenant, il dit A MI, en syllabant.

2me Procédé. — Le Moniteur indique un mot, l'Élève le lit *sans frapper d'abord les sons.*

3me Procédé. — Soit OR. Le Moniteur : « De quoi est formé OR? — Du son O et de l'articulation R. »... (*Et ainsi de suite.*)

NOUVELLE MÉTHODE DE LECTURE, PAR M. PEIGNÉ.

CHEZ LOUIS COLAS,
LIBRAIRE DE LA SOCIÉTÉ POUR L'INSTRUCTION ÉLÉMENTAIRE, RUE DAUPHINE, N° 32.

IMPRIMERIE DE CASIMIR,
RUE DE LA VIEILLE-MONNAIE, N° 12, QUARTIER DES LOMBARDS.

ÉCOLES ÉLÉMENTAIRES. — *Lecture.*

1re Classe. ARTICULATIONS *simples-monogrammes* et SONS *simples-monogrammes.* N° 6.

PHRASES.

le dî né, la sa la de, le rô ti, du pâ té, du ca fé, u ne li me, le re mè de, la fi gu re, l'é pi, la fê te, u ne pe lo te, l'a mi, u ne pi pe, ma mè re, ta tê te.

le jo li ca na pé — l'a mi fi dè le — l'é tu de u ti le — la fi gu re ri di cu le — la ca ba ne so li de — l'é lè ve pu ni — une la me fi ne — le na vi re é ga ré.

la ra me du pi lo te — la fê te de pa pa — l'u ti li té de l'é tu de — u ne ro be de ga ze — la do ru re du dô me — la ra re té de la fa ri ne — le re mè de du ma la de.

l'étude sera utile — la cabane sera solide — la farine a été rare — l'âne sera têtu — l'ami a été fidèle — le pavé a été sali — l'élève sera puni — ma mère a été malade.

la dame se pare — ma mère a ri — caroline a filé — la lune a pâli — il a tenu sa parole — va à la cave — évite la colère — il dira la vérité — révère ta mère — il a sali le canapé — il a bu du café — une sérénade a fini la fête du député — le navire a été jeté à la côte — adèle a une robe de gaze.

1er Procédé. — Soit le dîné. Le Moniteur indique d'abord les sons e, î, é; l'Élève les prononce *seuls;* puis, reprenant, il dit le dî né, en syllabant.

2me Procédé. — Le Moniteur indique un mot, l'Élève le lit *sans frapper d'abord les sons.*

3me Procédé. — Soit le. Le Moniteur : « De quoi est formé le ? — De l'articulation l et du son e. »... (*Et ainsi de suite.*)

NOUVELLE MÉTHODE DE LECTURE, PAR M. PEIGNÉ.

CHEZ LOUIS COLAS,
LIBRAIRE DE LA SOCIÉTÉ POUR L'INSTRUCTION ÉLÉMENTAIRE, RUE DAUPHINE, N° 32.

IMPRIMERIE DE CASIMIR,
RUE DE LA VIEILLE-MONNAIE, N° 12, QUARTIER DES LOMBARDS.

ÉCOLES ÉLÉMENTAIRES. — *Lecture.*

1re Classe. ARTICULATIONS *simples-monogrammes* et SONS *simples*-ARTICULÉS. N° 7.

SYLLABES.

	ac	il	ir	ol	or	ul	ur
b	b ac	b il	b ir	b ol	b or	b ul	b ur
c	c ac	«	«	c ol	c or	c ul	c ur
d	d ac	d il	d ir	d ol	d or	d ul	d ur
f	f ac	f il	f ir	f ol	f or	f ul	f ur
g	g ac	«	«	g ol	g or	g ul	g ur
j	j ac	j il	j ir	j ol	j or	j ul	j ur
l	l ac	l il	l ir	l ol	l or	l ul	l ur
m	m ac	m il	m ir	m ol	m or	m ul	m ur
n	n ac	n il	n ir	n ol	n or	n ul	n ur
p	p ac	p il	p ir	p ol	p or	p ul	p ur
r	r ac	r il	r ir	r ol	r or	r ul	r ur
s	s ac	s il	s ir	s ol	s or	s ul	s ur
t	t ac	t il	t ir	t ol	t or	t ul	t ur
v	v ac	v il	v ir	v ol	v or	v ul	v ur
z	z ac	z il	z ir	z ol	z or	z ul	z ur

1er PROCÉDÉ. — Soit COR. Le Moniteur masque l'articulation C, et l'Élève dit OR; le Moniteur démasque l'articulation, et l'Élève dit COR.

2me PROCÉDÉ. — Le Moniteur indique la syllabe entière, l'Élève la prononce.

3me PROCÉDÉ. — Le Moniteur : « Montrez SAC. » (Le Moniteur indique au besoin, *avec la baguette*, l'articulation S à la première colonne, et le son AC en tête du Tableau.)

NOUVELLE MÉTHODE DE LECTURE, PAR M. PEIGNÉ.

CHEZ LOUIS COLAS,
LIBRAIRE DE LA SOCIÉTÉ POUR L'INSTRUCTION ÉLÉMENTAIRE, RUE DAUPHINE, N° 32.

IMPRIMERIE DE CASIMIR,
RUE DE LA VIEILLE-MONNAIE, N° 12, QUARTIER DES LOMBARDS.

ÉCOLES ÉLÉMENTAIRES. — *Lecture.*

1re Classe. ARTICULATIONS *simples-monogrammes* et SONS *simples*-ARTICULÉS. N° 8.

MOTS.

ac tif	é gal	nor mal	a lar mé	re te nir
ar gus	fa nal	o ral	a mi cal	sur di té
a zur	fa tal	par tir	a mor tir	por ta tif
ba nal	fi nal	pé nal	ar se nal	sur ve nir
bar be	fi nir	po lir	ar se nic	tor tu re
bâ tir	fur tif	ra vir	a ve nir	va car me
ba zar	fu tur	ré gal	bar ba re	a bâ tar dir
bé nir	gar de	ré tif	co car de	ab sur di té
bo cal	gar nir	sa lir	cul bu te	ca rac tè re
bor ne	gol fe	sor tir	dé gar nir	dé pu ra tif
bu tor	ja dis	su bir	é nor me	é car la te
cal me	i ris	ta rif	fa cul té	é car te lé
ca nal	lar me	tar te	for tu ne	for ma li té
ca nif	lé gal	tor tu	gar go te	gar ni tu re
car pe	ma jor	to tal	i nac tif	no mi na tif
car te	mar di	u nir	lé zar de	par ti cu le
cor de	mé tal	ve nir	mar mi te	so po ra tif
cul te	mû rir	vi tal	né ga tif	tur pi tu de
dor mir	na tal	vo mir	ob te nir	u ni for me

1er PROCÉDÉ. — Soit BOCAL. Le Moniteur indique d'abord les sons O et AL ; l'Élève les prononce *seuls;* puis, reprenant, il dit BO CAL, en syllabant.

2me PROCÉDÉ. — Le Moniteur indique un mot, l'Élève le lit *sans frapper d'abord les sons.*

3me PROCÉDÉ. — Soit GARNIR. Le Moniteur : « De quoi est formé GAR ? — De l'articulation G et du son AR. » — « Et NIR ? — De l'articulation N et du son IR. » (*Et ainsi de suite.*)

NOUVELLE MÉTHODE DE LECTURE, PAR M. PEIGNÉ.

CHEZ LOUIS COLAS,
LIBRAIRE DE LA SOCIÉTÉ POUR L'INSTRUCTION ÉLÉMENTAIRE, RUE DAUPHINE, N° 32.

IMPRIMERIE DE CASIMIR,
RUE DE LA VIEILLE-MONNAIE, N° 12, QUARTIER DES LOMBARDS.

ÉCOLES ÉLÉMENTAIRES. — *Lecture.*

1re Classe. ARTICULATIONS *simples-monogrammes* et SONS *simples*-ARTICULÉS. **N° 9.**

PHRASES.

la cor de, le ca nif, la for tune, une car pe, le cal cul, la ré col te, la cul bute, une mar mite, la gar niture, le ré gal, la mor sure, l'ar se nal, le mardi, par tir, sor tir.

le bal paré—la petite por te—le ca nal utile—la for me du bo cal—la gar niture de la robe—l'étude du cal cul—la car pe vive—l'ami sûr—le sol cul tivé—l'ami ral ac tif—l'ani mal ré tif—le roc aride—la cul ture du mil—le fil du ca nif.

l'ani mal sera ré tif—le malade a été gar dé.

démolir le mur—polir le métal—punir le vol—bénir la fortune—médor m'a mordu—il a volé ma tartine—évite la colère—il patinera sur le canal—le dîné va finir—relève la corde—le caractère de l'élève a été rétif—fidèle a dormi à côté de la porte—papa partira mardi—la garde sortira—l'activité mène à la fortune—la récolte n'a pu mûrir—victor ira à l'école normale—il va salir la garniture de ma robe—porte le canif à papa—garde ta parole.

1er PROCÉDÉ. — Soit PAR TIR. Le Moniteur indique d'abord les sons AR, IR; l'Élève les prononce *seuls;* puis, reprenant, il dit PAR TIR, en syllabant.

2me PROCÉDÉ. — Le Moniteur indique un mot, l'Élève le lit *sans frapper d'abord les sons.*

3me PROCÉDÉ. — Soit CA NIF. Le Moniteur : « De quoi est formé CA ? — De l'articulation C et du son A. — Et NIF? — De l'articulation N et du son IF. »... (*Et ainsi de suite.*)

NOUVELLE MÉTHODE DE LECTURE, PAR M. PEIGNÉ.

CHEZ LOUIS COLAS,
LIBRAIRE DE LA SOCIÉTÉ POUR L'INSTRUCTION ÉLÉMENTAIRE, RUE DAUPHINE, N° 32.

IMPRIMERIE DE CASIMIR,
RUE DE LA VIEILLE-MONNAIE, N° 12, QUARTIER DES LOMBARDS.

ÉCOLES ÉLÉMENTAIRES. — *Lecture.*

2e Classe. | SONS *simples-polygrammes.* | N° 10.

LETTRES.

eu	se prononce comme dans	**feu**
ou		**sou**
an		**van**
in		**lin**
on		**bon**
un		**lundi**
oi		**loi**

eu	**un**	**an**	**on**	**ou**	**oi**	**in**
in	**oi**	**ou**	**un**	**an**	**eu**	**on**

1er Procédé. — Le Moniteur montrant le son eu, par exemple, *dit* eu ; l'Élève répète.
2me Procédé. — Le Moniteur montre un son, *sans le nommer*, l'Élève le nomme.
(*La pratique de ce procédé a lieu sur les sons mélangés.*)

3me Procédé. — Le Moniteur : « Montrez in.... » l'Élève indique le son demandé.
(*La pratique de ce procédé a lieu sur* tous *les sons du Tableau.*)

NOUVELLE MÉTHODE DE LECTURE, PAR M. PEIGNÉ.

CHEZ LOUIS COLAS,
LIBRAIRE DE LA SOCIÉTÉ POUR L'INSTRUCTION ÉLÉMENTAIRE, RUE DAUPHINE, N° 32.

IMPRIMERIE DE CASIMIR,
RUE DE LA VIEILLE-MONNAIE, N° 12, QUARTIER DES LOMBARDS.

ÉCOLES ÉLÉMENTAIRES. — *Lecture.*

2e Classe. SONS *simples-polygrammes* et ARTICULATIONS *simples-monogrammes.* **N° 11.**

SYLLABES.

	c	f	g	l	r
eu	»	eu f	»	eu l	eu r
ou	ou c	ou f	ou g	ou l	ou r
oi	»	oi f	»	oi l	oi r

Voyez les *procédés* du Tableau n° 3.

ARTICULATIONS *simples-monogrammes* et SONS *simples-polygrammes.*

	eu	eû	ou	oû	an	in	on	un	oi
b	b eu	b eû	b ou	b oû	b an	b in	b on	b un	b oi
c	»	»	c ou	c oû	c an	»	c on	c un	c oi
d	d eu	d eû	d ou	d oû	d an	d in	d on	d un	d oi
f	f eu	f eû	f ou	f oû	f an	f in	f on	f un	f oi
g	»	»	g ou	g oû	g an	»	g on	g un	g oi
j	j eu	j eû	j ou	j oû	j an	j in	j on	j un	j oi
l	l eu	l eû	l ou	l oû	l an	l in	l on	l un	l oi
m	m eu	m eû	m ou	m oû	m an	m in	m on	m un	m oi
n	n eu	n eû	n ou	n oû	n an	n in	n on	n un	n oi
p	p eu	p eû	p ou	p oû	p an	p in	p on	p un	p oi
r	r eu	r eû	r ou	r oû	r an	r in	r on	r un	r oi
s	s eu	s eû	s ou	s oû	s an	s in	s on	s un	s oi
t	t eu	t eû	t ou	t oû	t an	t in	t on	t un	t oi
v	v eu	v eû	v ou	v oû	v an	v in	v on	v un	v oi
z	z eu	z eû	z ou	z oû	z an	z in	z on	z un	z oi

1er PROCÉDÉ. — Soit P EU. Le Moniteur masque l'articulation P, et l'Élève dit EU; le Moniteur démasque l'articulation, et l'Élève dit PEU.

2me PROCÉDÉ. — Le Moniteur indique la syllabe entière, l'Élève la prononce.

3me PROCÉDÉ. — Le Moniteur : « Montrez S OU. » (Le Moniteur indique au besoin, *avec la baguette*, l'articulation S à la première colonne, et le son OU en tête du Tableau.)

NOUVELLE MÉTHODE DE LECTURE, PAR M. PEIGNÉ.

CHEZ LOUIS COLAS,
LIBRAIRE DE LA SOCIÉTÉ POUR L'INSTRUCTION ÉLÉMENTAIRE, RUE DAUPHINE, N° 32.

IMPRIMERIE DE CASIMIR,
RUE DE LA VIEILLE-MONNAIE, N° 12, QUARTIER DES LOMBARDS.

ÉCOLES ÉLÉMENTAIRES. — *Lecture.*

2e Classe. ARTICULATIONS *simples-monogrammes* et SONS *simples-polygrammes.* N° 12.

MOTS.

ban	pin	bon jour	fon deur	mou lin	con cou rir
bon	pou	bon soir	fou le	mou ton	con duc teur
bouc	pouf	bon té	four gon	ne veu	dé jeû né
cou	roi	bou din	four mi	our son	de man de
cour	seul	bou lon	ga zon	pâ leur	de meu re
don	soi	bour don	gou jon	pin son	fan fa ron
feu	soir	bou ton	gour din	pin te	ga ran tir
foi	son	bu tin	jar din	poi re	gar de feu
fou	sou	can can	jeû neur	pou le	la bou reur
four	toi	can deur	jou eur	pou mon	ma ga zin
jeu	ton	can ton	jou jou	pour tour	mo ni teur
joug	tour	con teur	jour nal	pou voir	ou ra gan
lin	van	con tour	ju pon	ron deur	pan ta lon
loi	veuf	con voi	la pin	ron din	pe lo ton
moi	vin	cou leur	li mon	ru ban	pour boi re
mon	voir	cou pon	lun di	san té	ra con teur
mou	an se	dan seur	ma man	sa von	ra mo neur
neuf	ban de	dé tour	ma rin	se rin	ro ma rin
noir	bâ ton	don jon	ma tin	sou pe	ran cu ne
non	bi jou	dou leur	me lon	ta lon	sou cou pe
pan	boi re	dou ze	meu le	ti mon	sou ri re
peu	boî te	fan fan	mi roir	toi le	sou ve nir
peur	bon bon	fa veur	mon de	vou loir	vo lon té

1er Procédé. — Soit boudin. Le Moniteur indique d'abord les sons ou et in; l'Élève les prononce *seuls;* puis, reprenant, il dit bou din, en syllabant.

2me Procédé. — Le Moniteur indique un mot, l'Élève le lit *sans frapper d'abord les sons.*

3me Procédé. — Soit douleur. Le Moniteur : « De quoi est formé dou? — De l'articulation d et du son ou. » — « Et leur? — De l'articulation l et du son eur. » (*Et ainsi de suite.*)

NOUVELLE MÉTHODE DE LECTURE, PAR M. PEIGNÉ.

CHEZ LOUIS COLAS,
LIBRAIRE DE LA SOCIÉTÉ POUR L'INSTRUCTION ÉLÉMENTAIRE, RUE DAUPHINE, N° 32.

IMPRIMERIE DE CASIMIR,
RUE DE LA VIEILLE-MONNAIE, N° 12, QUARTIER DES LOMBARDS.

ÉCOLES ÉLÉMENTAIRES. — *Lecture.*

2e Classe. ARTICULATIONS *simples-monogrammes* et SONS *simples-polygrammes.* **N° 13.**

PHRASES.

la bon té, le bon bon, la sou pe, un bou ton, une cou leur, le pour boi re, une fa lour de, une sou cou pe, un fan fa ron, un dan seur, la dou leur, la meu le, un four gon, un pan ta lon, la four mi, un jou jou, le mou lin, le dé jeû né, un ramo neur.

le bon bou din — un ga lon, neuf — mon jar din — ton jou jou — son mou lin — ro bin mou ton — un bou ton noir — un ca non fon du — le con teur ma lin — le bon la bou reur.

le ti mon de la voi ture — la fin du mon de — le feu du four — le cou du din don — un peu de feu — le ga zon du jar din — la meu le du mou lin — le se rin de ma tan te — le pour tour de la ro ton de — une pin te de bon vin — le pé pin de la poi re — le maga sin de ma man — de bon ma tin — la san dale du péle rin — bon jour ma tan te — à ton tour mon ami — lun di ou jeu di.

la poule a pondu — il a un peu peur — la boule a roulé — monte à la tour — l'ours danse — la foule s'écoule — il partira lundi ou jeudi — la meule tourne — le filou a couru — le pinson vole — écoute ton père — le pélerin jeûne — la voiture roule — le laboureur laboure — console ta maman — le lapin a couru — ma santé a été alarmante — demande un sou à maman — mon papa m'a raconté un conte — le feu a consumé la cabane du laboureur — un milan a fondu sur une poule — tourne le bouton de la porte — on a peur de l'ouragan — robinson déjeûne seul — mon élève a fini son devoir — tourne le timon de la voiture — le laboureur a récolté du lin — l'ours a monté sur un pin du jardin — maman a voulu me punir — ma tante ira à dijon — maman a un voile noir — consulte ton père, mon ami — le buveur a demandé une pinte de vin pour le boire.

1er Procédé. — Soit ami. Le Moniteur indique d'abord les sons a et i; l'Élève les prononce *seuls;* puis, reprenant, il dit a mi, en syllabant.

2me Procédé. — Le Moniteur indique un mot, l'Élève le lit *sans frapper d'abord les sons.*

3me Procédé. — Soit or. Le Moniteur : « De quoi est formé or? — Du son o et de l'articulation r. »... (*Et ainsi de suite.*)

NOUVELLE MÉTHODE DE LECTURE, PAR M. PEIGNÉ.

CHEZ LOUIS COLAS,
LIBRAIRE DE LA SOCIÉTÉ POUR L'INSTRUCTION ÉLÉMENTAIRE, RUE DAUPHINE, N° 32.

IMPRIMERIE DE CASIMIR,
RUE DE LA VIEILLE-MONNAIE, N° 12, QUARTIER DES LOMBARDS.

ÉCOLES ÉLÉMENTAIRES. — *Lecture.*

3e Classe. ARTICULATIONS *simples-polygrammes.* N° 14.

LETTRES.

ch prononcez faiblement ——— **che** comme dans ——— **riche**

gn ——— **gne** ——— **vigne**

ill ——— **ille** ——— **taille**

ARTICULATIONS *simples-polygrammes* et SONS *simples.*

SYLLABES.

	a	é	i	o	u	eu	ou	an	in	on
ch	ch a	ch é	ch i	ch o	ch u	ch eu	ch ou	ch an	ch in	ch on
gn	gn a	gn é	gn i	gn o	gn u	gn eu	gn ou	gn an	gn in	gn on
ill	ill a	ill é	ill i	ill o	ill u	ill eu	ill ou	ill an	ill in	ill on

1er PROCÉDÉ. — Soit CH A. Le Moniteur masque l'articulation CH, et l'Élève dit A; le Moniteur démasque l'articulation, et l'Élève dit CHA.

2me PROCÉDÉ. — Le Moniteur indique la syllabe *sans la nommer*, l'Élève la prononce.

3me PROCÉDÉ. — Le Moniteur : « Montrez CH EU. » (Le Moniteur indique au besoin, *avec la baguette*, l'articulation CH à la première colonne, et le son EU en tête du Tableau.

NOUVELLE MÉTHODE DE LECTURE, PAR M. PEIGNÉ.

CHEZ LOUIS COLAS,
LIBRAIRE DE LA SOCIÉTÉ POUR L'INSTRUCTION ÉLÉMENTAIRE, RUE DAUPHINE, N° 32.

IMPRIMERIE DE CASIMIR,
RUE DE LA VIEILLE-MONNAIE, N° 12, QUARTIER DES LOMBARDS.

ÉCOLES ÉLÉMENTAIRES. — *Lecture.*

3e Classe. ARTICULATIONS *simples-polygrammes* et SONS *simples.* N° 15.

MOTS.

ch ar	ch é rir	mar ch é	ta ch e	con si gn e	ma ch i ne
ch oc	ch é tif	mar ch eur	ta ill e	cor ni ch e	mâ ch oi re
ch ou	ch e val	mè ch e	tor ch e	cor ni ch on	mar ch an de
ch ut	ch e veu	mi ch e	tor ch on	dé ni ch eur	ma ré ch al
ar ch e	ch i ch e	mi gn on	va ch e	dé pou ill e	mé da ill e
ba gn e	ch i gn on	mou ch e	vi gn e	dé rou ill é	mé da ill on
bi ch e	ch u te	mou ch oir	a li gn é	di gn i té	mon ta gn e
bor gn e	co ch e	mou ill é	an dou ill e	é bor gn é	mu ra ill e
bou ch e	co ch on	ni ch e	ba ta ill e	é ca ill e	pa na ch e
bou ch on	cou ch e	pa ill e	ba ta ill on	é ch an son	pa ta ch e
bou ill i	du ch é	pê ch eur	ca na ill e	é ch i ne	pou li ch e
bou ill on	é ch u	pi gn on	ca pu ch on	é ma ill é	ra bâ ch eur
bû ch e	fâ ch é	po ch e	car tou ch e	é mou ch oir	ro gn u re
ca ill e	feu ill e	ra ill eur	ch a lou pe	é pa gn eul	sou ill u re
ca ill ou	fi ch e	rè gn e	ch an de leur	é par gn e	ta lo ch e
ch a cun	fou ill e	ri ch e	ch a pe ron	é vê ch é	te na ill e
ch a leur	gâ ch e	ro ch e	ch a ra de	fa rou ch e	vi gn e ron
ch an son	lâ ch e	ro gn on	ch a ri té	fé ra ill eur	vo la ill e
ch ar bon	li gn e	rou ill e	ch ar la tan	feu ill e ton	ar ch e vê ch é
ch ar don	lou ch e	ru ch e	ch a tou ill é	fu ta ill e	ch a ri va ri
ch ar te	mâ ch e	si gn al	ch i ca ne	in di gn é	ch e ve lu re
ch e min	ma ill e	si gn e	ch i mè re	li ma ill e	dé ca ch e té
ch ê ne	man ch on	sou ch e	ch o pi ne	lu mi gn on	dé ch i ru re

1er Procédé. — Soit chignon. Le Moniteur indique d'abord les sons i et on; l'Élève les prononce *seuls;* puis, reprenant, il dit chi gnon, en syllabant.

2me Procédé. — Le Moniteur indique un mot, l'Élève le lit *sans frapper d'abord les sons.*

3me Procédé. — Soit bouchon. Le Moniteur : « De quoi est formé bou? — De l'articulation b et du son ou. » — « Et chon? — De l'articulation ch et du son on. » (*Et ainsi de suite.*)

NOUVELLE MÉTHODE DE LECTURE, PAR M. PEIGNÉ.

CHEZ LOUIS COLAS,
LIBRAIRE DE LA SOCIÉTÉ POUR L'INSTRUCTION ÉLÉMENTAIRE, RUE DAUPHINE, N° 32.

IMPRIMERIE DE CASIMIR,
RUE DE LA VIEILLE-MONNAIE, N° 12, QUARTIER DES LOMBARDS.

ÉCOLES ÉLÉMENTAIRES. — *Lecture.*

3e Classe. ARTICULATIONS *simples-polygrammes* et SONS *simples*. N° 16.

PHRASES.

un ch ou, la mar ch an de, une bû ch e, un co ch on, une vi gn e, un bou ch on, du bou ill on, une ca ill e, du ch ar bon, un ch ê ne, une feu ill e, la ch an deleur.

un ch e val bor gn e — l'o gn on gâté — le mou ch oir mou ill é — la futa ill e vide — un tor ch on sale — une forte ch e velure — un épa gn eul mi gn on — une ri ch e dépou ill e — un ch e min ali gn é.

un mou ch oir de po ch e — la bû ch e de ch ê ne — le jour du mar ch é — la ch u te de ch e val — la ch o pine de vin — un jour de ba ta ill e — la si gn a ture de la mar ch an de — la ch a leur de l'été — le si gn al de la mar ch e — l'ar ch e de noé — le rè gn e de la loi — une mâ ch oi re d'âne — une feu ill e de vi gn e — le soupé du ri ch e — la li gn e du pê ch eur — la ch an son du maré ch al.

le mou ch oir sera mou ill é — le méda ill on a été rou ill é — mon mou ch oir a été dé ch i ré.

il signera — je débouche — il se fâche — la vigne coule — la lime se rouille — la vache rumine — la mèche fume — il se dépêchera — il marche vite — il s'éloigne — il pêche à la ligne — chacun chicane — le voleur se cache — relève ta manche — il marchande — lâche-moi — il couche sur la paille — on me chérira — coupe le chardon — on m'a chatouillé — débouche la carafe — chante une chanson — il a été mouillé — il a déchiré ma poche — porte le tirebouchon à papa — on admire sa magnanimité — on fera rôtir le cochon — écoute le signal de la marche — éloigne ton cheval de la vigne — l'étude a un charme infini — chère petite mère, achète-moi un cheval — une riche marchande a acheté mon épagneul — la bûche fera du charbon — la caille chante — la vigne se taille — on raille le riche avare — la vache se couche sur la paille.

1er PROCÉDÉ. — Soit SIGNAL. Le Moniteur indique d'abord les sons I, AL; l'Élève les prononce *seuls*; puis, reprenant, il dit SI GNAL, en syllabant.

2me PROCÉDÉ. — Le Moniteur indique un mot, l'Élève le lit *sans frapper d'abord les sons*.

3me PROCÉDÉ. — Soit BOU CHON. Le Moniteur : « De quoi est formé BOU? — De l'articulation B et du son OU. — Et CHON? — De l'articulation CH et du son ON. »... (*Et ainsi de suite.*)

NOUVELLE MÉTHODE DE LECTURE, PAR M. PEIGNÉ.

CHEZ LOUIS COLAS,
LIBRAIRE DE LA SOCIÉTÉ POUR L'INSTRUCTION ÉLÉMENTAIRE, RUE DAUPHINE, N° 32.

IMPRIMERIE DE CASIMIR,
RUE DE LA VIEILLE-MONNAIE, N° 12, QUARTIER DES LOMBARDS.

ÉCOLES ÉLÉMENTAIRES. — *Lecture.*

4e Classe. SONS *composés.* **N° 17.**

LETTRES.

ia	se prononce comme dans	**fiacre**
ié		**piéton**
iè		**fièvre**
io		**fiole**
ui		**suite**
ieu		**dieu**
ian		**viande**
ien		**bien**
ion		**pion**
oui		**fouine**
oin		**loin**

ieu	**oui**	**ié**	**ui**	**ien**	**ia**	**ion**	**iè**	**oin**	**io**	**ian**
ian	**io**	**oin**	**ia**	**ion**	**iè**	**ien**	**ui**	**ié**	**oui**	**ieu**

1er PROCÉDÉ. — Le Moniteur montrant le son IÉ, par exemple, *dit* IÉ; l'Élève répète.
2me PROCÉDÉ. — Le Moniteur montre un son, *sans le nommer*, l'Élève le nomme.
(*La pratique de ce procédé a lieu sur les sons mélangés.*)

3me PROCÉDÉ. — Le Moniteur : « Montrez ION..., » l'Élève indique le son demandé.
(*La pratique de ce procédé a lieu sur* TOUS *les sons du Tableau.*)

NOUVELLE MÉTHODE DE LECTURE, PAR M. PEIGNÉ.

CHEZ LOUIS COLAS,
LIBRAIRE DE LA SOCIÉTÉ POUR L'INSTRUCTION ÉLÉMENTAIRE, RUE DAUPHINE, N° 32.

IMPRIMERIE DE CASIMIR,
RUE DE LA VIEILLE-MONNAIE, N° 12, QUARTIER DES LOMBARDS.

ÉCOLES ÉLÉMENTAIRES. — *Lecture.*

4e Classe. SONS *composés* et ARTICULATIONS *simples.* **N° 18.**

SYLLABES.

	c	f	l	r
ia	ia c	»	ia l	ia r
io	io c	»	io l	io r
ui	»	ui f	ui l	ui r
ieu	»	»	ieu l	ieu r

Voyez les *procédés* du Tableau n° 3.

ARTICULATIONS *simples* et SONS *composés.*

	ia	ié	io	ui	ieu	ian	ien	ion	oin
b	b ia	b ié	b io	b ui	b ieu	b ian	b ien	b ion	b oin
c	»	»	»	c ui	»	»	»	»	c oin
d	d ia	d ié	d io	d ui	d ieu	d ian	d ien	d ion	d oin
f	f ia	f ié	f io	f ui	f ieu	f ian	f ien	f ion	f oin
g	»	»	»	g ui	»	»	»	»	g oin
j	»	»	»	j ui	»	»	»	»	j oin
l	»	»	»	l ui	l ieu	»	»	l ion	l oin
m	m ia	m ié	m io	m ui	m ieu	m ian	m ien	m ion	m oin
n	n ia	n ié	n io	n ui	n ieu	n ian	n ien	n ion	n oin
p	p ia	p ié	p io	p ui	p ieu	p ian	p ien	p ion	p oin
r	»	»	»	r ui	»	»	r ien	r ion	r oin
s	s ia	s ié	s io	s ui	s ieu	s ian	s ien	s ion	s oin
t	t ia	t ié	t io	t ui	t ieu	t ian	t ien	t ion	t oin
v	v ia	v ié	v io	v ui	v ieu	v ian	v ien	v ion	v oin
z	z ia	z ié	z io	z ui	z ieu	z ian	z ien	z ion	z oin

1er PROCÉDÉ. — Soit PIEU. Le Moniteur masque l'articulation P, et l'Élève dit IEU; le Moniteur démasque l'articulation, et l'Élève dit PIEU.

2me PROCÉDÉ. — Le Moniteur indique la syllabe entière, l'Élève la prononce.

3me PROCÉDÉ. — Le Moniteur : « Montrez MIEN. » (Le Moniteur indique au besoin, *avec la baguette*, l'articulation M à la première colonne, et le son IEN en tête du Tableau.)

NOUVELLE MÉTHODE DE LECTURE, PAR M. PEIGNÉ.

CHEZ LOUIS COLAS,
LIBRAIRE DE LA SOCIÉTÉ POUR L'INSTRUCTION ÉLÉMENTAIRE, RUE DAUPHINE, N° 32.

IMPRIMERIE DE CASIMIR,
RUE DE LA VIEILLE-MONNAIE, N° 12, QUARTIER DES LOMBARDS.

4e Classe. ARTICULATIONS *simples* et SONS *composés.* **N° 19.**

MOTS.

bien	a dieu	poin te	dé dui re	râ piè re
chien	a ieul	poin teur	dou ziè me	ra ta fia
coin	biè re	puî né	fê tiè re	ra tiè re
cuir	bui re	re coin	fi liè re	ré dui re
dieu	cui re	sou tien	galé rien	re lui re
foin	diè te	sui te	in dui re	ri viè re
fouir	é pieu	sui vi	join ture	sa liè re
fuir	é tui	té moin	la niè re	sé dui re
juif	fiè re	tia re	li tiè re	sou piè re
lieu	fio le	tiè de	lu miè re	sui van te
lion	foui ne	tié deur	ma niè re	ta niè re
loin	fui te	tui le	mar che pié	ta riè re
lui	gar dien	vio lon	mar niè re	vo liè re
mien	in dien	vian de	ma tiè re	ca fe tiè re
oui	jui ve	al tiè re	meu niè re	char cu tiè re
pieu	lia ne	ami tié	neu viè me	cou tu riè re
pion	lui re	bien venu	on ziè me	é con dui re
rien	mi lieu	char niè re	or niè re	in con dui te
sien	moi tié	cha tiè re	pié ti né	i ni mi tié
sieur	nui re	co mé dien	pi tui te	jar di niè re
soin	pié ton	con dui re	poin tu re	pé pi niè re
suif	pio che	con dui te	por tiè re	ta ba tiè re
tien	pi tié	cor diè re	pour sui te	vi van diè re

1er Procédé. — Soit MILIEU. Le Moniteur indique d'abord les sons I et IEU ; l'Élève les prononce *seuls;* puis, reprenant, il dit MI LIEU, en syllabant.

2me Procédé. — Le Moniteur indique un mot, l'Élève le lit *sans frapper d'abord les sons.*

3me Procédé. — Soit MOITIÉ. Le Moniteur : « De quoi est formé MOI ? — De l'articulation M et du son OI. » — « Et TIÉ ? — De l'articulation T et du son IÉ. » (*Et ainsi de suite.*)

NOUVELLE MÉTHODE DE LECTURE, PAR M. PEIGNÉ.

CHEZ LOUIS COLAS,
LIBRAIRE DE LA SOCIÉTÉ POUR L'INSTRUCTION ÉLÉMENTAIRE, RUE DAUPHINE, N° 32.

IMPRIMERIE DE CASIMIR,
RUE DE LA VIEILLE-MONNAIE, N° 12, QUARTIER DES LOMBARDS.

PHRASES.

la moi tié, le mi lieu, un é tui, une ri viè re, une fio le, de la biè re, du rata fia, une tui le, l'ami tié, la pi tié, une sou piè re, de la vian de, du suif.

un joli é tui — le pieu poin tu — du vin tiè de — de la vian de cui te — le neu viè me volume — la pour sui te inutile — la petite foui ne — la ri viè re rapide — la li tiè re sale — le dou ziè me jour.

la sui te du roi — la diè te du malade — le jeu de siam — le mi lieu du jour — la moi tié de douze — le joueur de vio le — la fui te du voleur — la course du pié ton — une pinte de biè re — une ta che de suif — l'é tui de la cou turiè re — une la niè re de cuir — le coin du feu — la ta niè re de l'ours — la li tiè re du cheval — une fio le de vin.

mon jardin a été pié tiné — le té moin sera pour sui vi — antoine a été le dou ziè me — victoire sera la neu viè me.

le jour a lui — la rivière coule — la portière parle — la viande cuira — la soupière fuira — le suif tache — voilà une tuile — vive l'amitié — adieu victor, adieu ma chère adèle, adieu émile.

on m'a poursuivi — on a pitié de lui — il a bu de la bière — il a vu une petite fouine — porte de la lumière à ta maman — la portière a égaré sa tabatière — le galérien a tué son gardien; il a fui; on l'a poursuivi; il a été ramené; on va avoir bien soin de lui — l'ours a fui du côté de sa tanière — par pitié, va la secourir — maman demande son étui; porte le mien — on a voulu séduire un témoin — la jardinière te conduira à la pépinière — on va conduire firmin à l'école — il sera le soutien de son père — mon amitié pour lui me porte à lui vouloir du bien — mon chien a poursuivi un lapin bien loin — ton serin va sortir de la volière.

1er Procédé. — Soit moitié. Le Moniteur indique d'abord les sons oi, ié; l'Élève les prononce *seuls;* puis, reprenant, il dit moi tié, en syllabant.

2me Procédé. — Le Moniteur indique un mot, l'Élève le lit *sans frapper d'abord les sons.*

3me Procédé. — Soit milieu. Le Moniteur : « De quoi est formé mi? — De l'articulation m et du son i. — Et lieu? — De l'articulation l et du son ieu. »... (*Et ainsi de suite.*)

NOUVELLE MÉTHODE DE LECTURE, PAR M. PEIGNÉ.

CHEZ LOUIS COLAS,
LIBRAIRE DE LA SOCIÉTÉ POUR L'INSTRUCTION ÉLÉMENTAIRE, RUE DAUPHINE, N° 32.

IMPRIMERIE DE CASIMIR,
RUE DE LA VIEILLE-MONNAIE, N° 12, QUARTIER DES LOMBARDS.

ÉCOLES ÉLÉMENTAIRES. — *Lecture.*

5e Classe. ARTICULATIONS *simples-composées.* N° 21.

LETTRES.

bl	prononcez faiblement	**ble**	comme dans	**table**
cl		**cle**		**siècle**
fl		**fle**		**trèfle**
gl		**gle**		**règle**
pl		**ple**		**triple**
br		**bre**		**sabre**
cr		**cre**		**sucre**
dr		**dre**		**cadre**
fr		**fre**		**fifre**
gr		**gre**		**nègre**
pr		**pre**		**propre**
tr		**tre**		**plâtre**
vr		**vre**		**fièvre**
ps	prononcez faiblement	**pse**	comme dans	**écli pse**
pt		**pte**		**a pte**
sc		**sque**		**fisc**
sm		**sme**		**pri sme**
sp		**spe**		**ja spe**
st		**ste**		**pi ste**
scr		**scre**		**scribe**
spl		**sple**		**splendeur**
str		**stre**		**a stre**

st pr fl gr spl tr pl sc vr

cl str gl dr sp br sm scr pt

bl fr ps cr.

1er Procédé. — Le Moniteur montrant l'articulation BL, par exemple, *dit* BLE; l'Élève répète.

2me Procédé. — Le Moniteur montre une articulation, *sans la nommer*, l'Élève la nomme.

(*La pratique de ce procédé a lieu sur les* ARTICULATIONS *mélangées.*)

3me Procédé. — Le Moniteur : « Montrez PT..... » L'Élève indique la lettre demandée.

(*La pratique de ce procédé a lieu sur* TOUTES *les articulations du Tableau.*)

NOUVELLE MÉTHODE DE LECTURE, PAR M. PEIGNÉ.

CHEZ LOUIS COLAS,
LIBRAIRE DE LA SOCIÉTÉ POUR L'INSTRUCTION ÉLÉMENTAIRE, RUE DAUPHINE, N° 32.

IMPRIMERIE DE CASIMIR,
RUE DE LA VIEILLE-MONNAIE, N° 12, QUARTIER DES LOMBARDS.

ÉCOLES ÉLÉMENTAIRES. — *Lecture.*

5ᵉ Classe. ARTICULATIONS *composées* et SONS *simples.* **N° 22.**

SYLLABES.

	a	é	i	o	u	eu	ou	an	in	on	oi
bl	**bl a**	**bl é**	**bl i**	**bl o**	**bl u**	**bl eu**	**bl ou**	**bl an**	**bl in**	**bl on**	**bl oi**
cl	**cl a**	**cl é**	**cl i**	**cl o**	**cl u**	**cl eu**	**cl ou**	**cl an**	**cl in**	**cl on**	**cl oi**
fl	**fl a**	**fl é**	**fl i**	**fl o**	**fl u**	**fl eu**	**fl ou**	**fl an**	**fl in**	**fl on**	**fl oi**
gl	**gl a**	**gl é**	**gl i**	**gl o**	**gl u**	**gl eu**	**gl ou**	**gl an**	**gl in**	**gl on**	**gl oi**
pl	**pl a**	**pl é**	**pl i**	**pl o**	**pl u**	**pl eu**	**pl ou**	**pl an**	**pl in**	**pl on**	**pl oi**
br	**br a**	**br é**	**br i**	**br o**	**br u**	**br eu**	**br ou**	**br an**	**br in**	**br on**	**br oi**
cr	**cr a**	**cr é**	**cr i**	**cr o**	**cr u**	**cr eu**	**cr ou**	**cr an**	**cr in**	**cr on**	**cr oi**
dr	**dr a**	**dr é**	**dr i**	**dr o**	**dr u**	**dr eu**	**dr ou**	**dr an**	**dr in**	**dr on**	**dr oi**
fr	**fr a**	**fr é**	**fr i**	**fr o**	**fr u**	**fr eu**	**fr ou**	**fr an**	**fr in**	**fr on**	**fr oi**
gr	**gr a**	**gr é**	**gr i**	**gr o**	**gr u**	**gr eu**	**gr ou**	**gr an**	**gr in**	**gr on**	**gr oi**
pr	**pr a**	**pr é**	**pr i**	**pr o**	**pr u**	**pr eu**	**pr ou**	**pr an**	**pr in**	**pr on**	**pr oi**
tr	**tr a**	**tr é**	**tr i**	**tr o**	**tr u**	**tr eu**	**tr ou**	**tr an**	**tr in**	**tr on**	**tr oi**
vr	**vr a**	**vr é**	**vr i**	**vr o**	**vr u**	**vr eu**	**vr ou**	**vr an**	**vr in**	**vr on**	**vr oi**
ps	**ps a**	**ps é**	**ps i**	**ps o**	**ps u**	**ps eu**	**ps ou**	**ps an**	**ps in**	**ps on**	**ps oi**
pt	**pt a**	**pt é**	**pt i**	**pt o**	**pt u**	**pt eu**	**pt ou**	**pt an**	**pt in**	**pt on**	**pt oi**
sc	**sc a**	»	»	**sc o**	**sc u**	»	**sc ou**	**sc an**	»	**sc on**	**sc oi**
sp	**sp a**	**sp é**	**sp i**	**sp o**	**sp u**	**sp eu**	**sp ou**	**sp an**	**sp in**	**sp on**	**sp oi**
st	**st a**	**st é**	**st i**	**st o**	**st u**	**st eu**	**st ou**	**st an**	**st in**	**st on**	**st oi**

1ᵉʳ PROCÉDÉ. — Soit BL A. Le Moniteur masque l'articulation BL, et l'Élève dit A; le Moniteur démasque l'articulation, et l'Élève dit BLA.

2ᵐᵉ PROCÉDÉ. — Le Moniteur indique la syllabe *sans la nommer*, l'Élève la prononce.

3ᵐᵉ PROCÉDÉ. — Le Moniteur : « Montrez BL EU. » (Le Moniteur indique au besoin, *avec la baguette*, l'articulation BL à la première colonne, et le son EU en tête du Tableau.

NOUVELLE MÉTHODE DE LECTURE, PAR M. PEIGNÉ.

CHEZ LOUIS COLAS,
LIBRAIRE DE LA SOCIÉTÉ POUR L'INSTRUCTION ÉLÉMENTAIRE, RUE DAUPHINE, N° 32.

IMPRIMERIE DE CASIMIR,
RUE DE LA VIEILLE-MONNAIE, N° 12, QUARTIER DES LOMBARDS.

5e Classe. | ARTICULATIONS *composées* et SONS *simples.* | N° 23.

MOTS.

bl é	ar br e	cl o che	jon gl eur	sa bl e	é pl u ché
bl eu	a str e	cr â ne	ju st e	scr i be	é pr eu ve
bl oc	â tr e	cr ê me	lè vr e	so cl e	fl eu ri st e
br in	a vr il	cr i bl e	li br e	sp a sm e	fr i tu re
br u	bi bl e	cr i st al	li st e	st a bl e	fr oi du re
br un	bl â me	cr u che	mar br e	ti gr e	i gno bl e
cl é	bl an cheur	dar tr e	ma st ic	ti tr e	i vr o gne
cl ou	br an che	dé cl in	mor dr e	tr a me	mal pr o pr e
cl ub	br a ve	dr ô le	no bl e	tr an che	mi ni st è re
cr an	br i de	é cr in	oc tr oi	tr a pu	mi tr a ille
cr i	br o che	é cr ou	pa st eur	tr i cheur	pi st a che
cr in	br o cheur	fa bl e	pa tr on	tr ou bl e	po st i che
cr u	br on ze	fi fre	pé tr in	va st e	pr o bl è me
dr u	br u nir	fl é tr ir	pi st on	vi tr e	pr o sp è re
fl an	br u tal	fl û te	pl an che	zè br e	ps al mi st e
fl eur	bu st e	fr an ch ir	pl an teur	a br eu voir	ré fl é chir
fr oc	câ bl e	fr è re	pl a str on	a gr an dir	re fr oi dir
gl u	ca dr an	fr on de	pl eu reur	bi st ou ri	re pl an té
pl an	ca st or	gl o be	pl u me	bl â ma bl e	sc an da le
pl i	cha gr in	gl oi re	pol tr on	cha st e té	st a tu re
pr é	chan vr e	gl ou gl ou	po st e	dé fl eu rir	ta li sm an
tr oc	chè vr e	gr a de	pr ê cheur	dé tr ui re	tr i bu nal
tr ou	che vr on	gr on deur	pr ê tr e	dr oi tu re	tr ou va ille

1er Procédé. — Soit CRISTAL. Le Moniteur indique d'abord les sons I et AL; l'Élève les prononce *seuls;* puis, reprenant, il dit CRI STAL, en syllabant.

2me Procédé. — Le Moniteur indique un mot, l'Élève le lit *sans frapper d'abord les sons.*

3me Procédé. — Soit CADRAN. Le Moniteur : « De quoi est formé CA? — De l'articulation C et du son A. » — « Et DRAN? — De l'articulation DR et du son AN. » (*Et ainsi de suite.*)

NOUVELLE MÉTHODE DE LECTURE, PAR M. PEIGNÉ.

CHEZ LOUIS COLAS,
LIBRAIRE DE LA SOCIÉTÉ POUR L'INSTRUCTION ÉLÉMENTAIRE, RUE DAUPHINE, N° 32.

IMPRIMERIE DE CASIMIR,
RUE DE LA VIEILLE-MONNAIE, N° 12, QUARTIER DES LOMBARDS.

ÉCOLES ELEMENTAIRES. — *Lecture.*

5e Classe. — ARTICULATIONS *composées* et SONS *simples.* — N° 24.

PHRASES.

un clou, une fleur, un trou, la clo che, le cha grin, de la crê me, une flû te, du chan vre, une fron de, un chapi tre, une bro che, un cri ble, un câ ble, une plan che, une fenê tre, du ma stic, du plâ tre, un ca dran, une clé, un fi fre, une bri oche, la froi dure, le scan dale.

no tre frè re — l'or dre pu blic — un âne stu pide — une fleur blan che — une gran de cru che — le meu ble utile — la bran che sou ple — un cri épouvanta ble — vo tre on cle — le pa tron ju ste — le ca dran bleu — un tri ple cha grin — la fleur prin tanière — une ta ble bien pro pre.

la gloi re du peu ple — un clou de cui vre — la fa ble du ca stor — un li tre de vin — un brin de chan vre — le ti tre du li vre — la pi ste du liè vre — le dé clin du jour — un bloc de mar bre — la fleur du pré — la pru ne de l'ar bre — un bu ste de plâ tre.

il pleuvra — l'arbre grandira — le fleuriste plante — aglaé brode — la chèvre broute — frédéric pleure — le fripon triche — l'astre se lève — la plante fleurira — le poltron a fui — l'ivrogne trébuche — le cochon grogne — la foudre gronde — la poutre branle — la grêle dégrade — le dénicheur a dégringolé — couvrir la table — brunir de l'or — vivre de viande — préfère l'utile à l'agréable — grégoire a préféré du sucre — la branche souple a fléchi — votre demande a été indiscrète — médor a voulu mordre — le cadre de la gravure sera doré — mon oncle a grondé frédéric — on a suivi le lièvre à la piste — la frugalité procure une santé robuste — le chagrin trouble votre frère — la troupe a franchi le fleuve — la grêle a dégradé notre fenêtre — mon cheval trépigne; il sera bon de le tenir par la bride — regarde l'ordre admirable de la nature.

1er Procédé. — Soit MASTIC. Le Moniteur indique d'abord les sons A, IC; l'Élève les prononce *seuls;* puis, reprenant, il dit MA STIC, en syllabant.

2me Procédé. — Le Moniteur indique un mot, l'Élève le lit *sans frapper d'abord les sons.*

3me Procédé. — Soit CHAGRIN. Le Moniteur : « De quoi est formé CHA? — De l'articulation CH et du son A. — Et GRIN? — De l'articulation GR et du son IN. »... (*Et ainsi de suite.*)

NOUVELLE MÉTHODE DE LECTURE, PAR M. PEIGNÉ.

CHEZ LOUIS COLAS,
LIBRAIRE DE LA SOCIÉTÉ POUR L'INSTRUCTION ÉLÉMENTAIRE, RUE DAUPHINE, N° 32.

IMPRIMERIE DE CASIMIR,
RUE DE LA VIEILLE-MONNAIE, N° 12, QUARTIER DES LOMBARDS.

ÉCOLES ÉLÉMENTAIRES. — *Lecture.*

6e Classe. — SIGNES ÉQUIVALENTS (SONS). — N° 25.

LETTRES.

y	a la valeur de	**i**	comme dans	**mystère**
		ii		**royal**
au		**ô**		**jaune**
en		**an**		**mentir**
ai		**è**		**plaine**
ei				**peine**

ai, y, ei, au, en, ei, au, ai, en.

Voyez les *procédés* du Tableau n° 3.

MOTS.

my stère	**royal**	**jau ne**	**men tir**	**plai ne**	**pei ne**
i	oi ial	ô	an	è	è
ju ry	**bruyère**	**au cun**	**en clume**	**ai gle**	**balei ne**
ly re	**crayon**	**au ne**	**en core**	**air**	**ensei gne**
marty re	**incroyable**	**bau me**	**en cre**	**ba lai**	**pei gne**
myr te	**loyal**	**fau te**	**en ten dre**	**fai re**	**rei ne**
sty le	**noyé**	**gau fre**	**fen te**	**mai gre**	**sei gle**
syn dic	**payé**	**gru au**	**inven teur**	**maî tre**	**sei gneur**
sy nony me	**pitoyable**	**pau vre**	**len teur**	**militai re**	**sei ze**
sy stème	**ployé**	**royau me**	**pen sion**	**retrai te**	**trei ze**
ty ran	**rayé**	**tau pe**	**ven te**	**vinai gre**	**vei ne**

1er PROCÉDÉ. — Soit TYRAN. Le Moniteur indique d'abord les sons Y et AN; l'Élève les prononce *seuls*; puis, reprenant, il dit TY RAN, en syllabant.

2me PROCÉDÉ. — Le Moniteur indique un mot, l'Élève le lit *sans frapper d'abord les sons.*

3me PROCÉDÉ. — Soit TYRAN. Le Moniteur : « De quoi est formé TY? — De l'art. T et du son I (*par I grec**). — Et RAN? — De l'art. R et du son AN.

* Pour AU, on dira : Du son ô *par* A-U; — pour EN, on dira : Du son AN *par* E; — pour AI, on dira : Du son è *par* A-I; — pour EI, on dira : Du son è *par* E-I. (*Les mots où Y vaut I-I ne sont pas divisibles.*)

NOUVELLE MÉTHODE DE LECTURE, PAR M. PEIGNÉ.

CHEZ LOUIS COLAS,
LIBRAIRE DE LA SOCIÉTÉ POUR L'INSTRUCTION ÉLÉMENTAIRE, RUE DAUPHINE, N° 32.

IMPRIMERIE DE CASIMIR,
RUE DE LA VIEILLE-MONNAIE, N° 12, QUARTIER DES LOMBARDS.

ÉCOLES ÉLÉMENTAIRES. — *Lecture.*

6e Classe. — SIGNES ÉQUIVALENTS (SONS). — N° 26.

PHRASES.

le tyran, la bruyère, de l'encre, de la laine, une baleine, un étau, un chaudron — une pyramide, une enclume, le notaire, la reine, le saule — le martyre, un tuyau, une fontaine, la défense, une veine, du baume, une faute.

le crayon pointu — la fontaine claire — le mur mitoyen — l'encre noire — une vilaine enseigne — la lyre sonore — un moyen sûr — le pauvre endormi — la semaine prochaine — le dentiste menteur — un saule pleureur — la taupe aveugle — le chaudron fendu.

la frayeur du tyran — le salaire de la peine — la charpente de la toiture — la reine de babylone — un noyau de prune — un peigne d'écaille — le tuyau de la fontaine — une aune de toile.

mon crayon a été taillé — le pauvre a été enrichi — le calcul a été enseigné — le militaire sera dispensé — le mystère sera dévoilé — l'ustensile a été vendu.

il m'a tutoyé — on l'a payé, ensuite on l'a renvoyé — l'encre tache — on enseigne à écrire — on cache un mystère — on étame un chaudron — on bouche une fente — on chante un psaume — on peigne de la laine — médor a aboyé — le notaire a payé l'amende — le tuyau de notre fontaine a été fendu — l'auteur a vendu son livre au libraire — la tentative du conspirateur a échoué — si auguste contente son maître, la semaine prochaine, il aura un livre bien relié — le menteur se repentira — la plaine a retenti du son du clairon — mentir, voilà une bien grande faute — ton papa a l'air pensif : demande lui si sa migraine le tourmente encore — paul a rencontré l'autre jour un pauvre : il a été fâché de n'avoir aucun moyen de le secourir — je porte la peine de ma faute — l'aigreur de ton caractère a dû déplaire à ton maître.

1er Procédé. — Soit TYRAN. Le Moniteur indique d'abord les sons Y et AN; l'Élève les prononce *seuls*; puis, reprenant, il dit TY RAN, en syllabant.

2me Procédé. — Le Moniteur indique un mot, l'Élève le lit *sans frapper d'abord les sons*.

3me Procédé. — Soit CHAUDRON. Le Moniteur : « De quoi est formé CHAU? — De l'articulation CH et du son AU (*par* A-U). — Et DRON? — De l'articulation DR et du son ON. » (*Et ainsi de suite.*)

NOUVELLE MÉTHODE DE LECTURE, PAR M. PEIGNÉ.

CHEZ LOUIS COLAS,
LIBRAIRE DE LA SOCIÉTÉ POUR L'INSTRUCTION ÉLÉMENTAIRE, RUE DAUPHINE, N° 32.

IMPRIMERIE DE CASIMIR,
RUE DE LA VIEILLE-MONNAIE, N° 12, QUARTIER DES LOMBARDS.

ÉCOLES ÉLÉMENTAIRES. — *Lecture.*

6e Classe. SIGNES ÉQUIVALENTS (ARTICULATIONS). N° 27.

LETTRES.

ç	a la valeur de	**s**	comme dans	**façade**
ph		**f**		**zéphyr**
q		**c**		**coq**
x		**cs**		**maxime**

x, q, ph, ç, ph, x, q, ç.

Voyez les *procédés* du Tableau n° 4.

MOTS.

fa çade sa	**zé phyr** fi	**coq** coc	**ma xime** csi
cale çon	**apostro phe**	**pi qûre**	**a xe**
fa çon	**blas phème**	»	**a xiome**
gar çon	**catastro phe**	»	**éli xir**
gla çon	**dau phin**	»	**fi xe**
ma çon	**épita phe**	»	**la xatif**
pin çon	**or phelin**	»	**lynx**
re çu	**pho sphore**	»	**parado xe**
rin çure	**por phire**	»	**mix ture**
soup çon	**sa phir**	»	**o xide**
su çoir	**sphère**	»	**phénix**
il tan ça	**télégra phe**	»	**ta xe**

1er Procédé. — Soit maçon. Le Moniteur indique d'abord les sons a et on; l'Élève les prononce *seuls;* puis, reprenant, il dit ma çon, en syllabant.

2me Procédé. — Le Moniteur indique un mot, l'Élève le lit *sans frapper d'abord les sons.*

3me Procédé. — Soit pinçon. Le Moniteur : « De quoi est formé pin? — De l'articulation p et du son in. » — « Et çon? — De l'articulation ç (*par* qe-se) et du son on. » (*Et ainsi de suite.*)

NOUVELLE MÉTHODE DE LECTURE, PAR M. PEIGNÉ.

CHEZ LOUIS COLAS,
LIBRAIRE DE LA SOCIÉTÉ POUR L'INSTRUCTION ÉLÉMENTAIRE, RUE DAUPHINE, N° 32.

IMPRIMERIE DE CASIMIR,
RUE DE LA VIEILLE-MONNAIE, N° 12, QUARTIER DES LOMBARDS.

ÉCOLES ÉLÉMENTAIRES. — *Lecture.*

6e Classe. | SIGNES ÉQUIVALENTS (ARTICULATIONS). | No 28.

PHRASES.

un pinçon, une épitaphe, une piqûre, de l'élixir; un glaçon, l'apostrophe, un coq, le phénix; le reçu, du phosphore, un sphinx.

un bon garçon — une piqûre profonde — une étoile fixe — une épouvantable catastrophe — le maçon actif — le nénuphar jaune — le coq matinal — le bienfaiteur philantrope — la maxime salutaire — l'épitaphe touchante — une façade admirable.

la leçon du maître — le luxe du riche — la piqûre de l'épingle — le glaçon de la rivière — l'axe du monde — un coq de bruyère — l'épitaphe d'adolphe — la façade du phare — la rançon de la reine — une table de porphire — le zéphyr de l'été — l'étude de la sphère — le reçu du tailleur.

le soupçon a été justifié — la façade sera élégante — le blé a été taxé — le capitaine sera bien reçu — sa gloire a été éphémère — la leçon sera bien salutaire.

le phare éclaire — le maçon travaille — le phosphore brûle — on enfonça la porte — on l'a cru un phénix — on menaça le gardien — on força la consigne — on admire un phénomène — le pauvre orphelin a été renvoyé — une piqûre saigne — on a conçu un injuste soupçon contre moi — on a payé la rançon du roi captif — le coq chante à l'aube du jour — mon maître me traça une règle de conduite — notre globe tourne sur son axe en un jour — le luxe a ruiné le riche; il a au contraire enrichi le pauvre — maximilien pleure, car son maître l'a grondé: l'autre jour encore, il le tança d'une sévère façon — un militaire endormi a été asphyxié par le charbon — notre capitaine a reçu une aubade : il a paru en être enchanté — le boxeur a gagné son pari; il a reçu une bourse pleine pour sa peine — on plaça un télégraphe sur la tour.

1er Procédé. — Soit GLAÇON. Le Moniteur indique d'abord les sons A, ON; l'Élève les prononce *seuls;* puis, reprenant, il dit GLA ÇON, en syllabant.

2me Procédé. — Le Moniteur indique un mot, l'Élève le lit *sans frapper d'abord les sons.*

3me Procédé. — Soit PHÉNIX. Le Moniteur : « De quoi est formé PHÉ? — De l'articulation PH (*par* PE) et du son É. — Et NIX? — De l'articulation N et du son IX (*par* CSE). »... (*Et ainsi de suite.*)

NOUVELLE MÉTHODE DE LECTURE, PAR M. PEIGNÉ.

CHEZ LOUIS COLAS,
LIBRAIRE DE LA SOCIÉTÉ POUR L'INSTRUCTION ÉLÉMENTAIRE, RUE DAUPHINE, No 32.

IMPRIMERIE DE CASIMIR,
RUE DE LA VIEILLE-MONNAIE, No 12, QUARTIER DES LOMBARDS.

ÉCOLES ÉLÉMENTAIRES. — *Lecture.*

6e Classe. LETTRES NULLES (SONS). **N° 29.**

LETTRES.

a	est nul avant le son	**in**	comme dans	**pain**
e		**in**		**peintre**
		au		**beauté**
e	est encore nul après un son	»		**craie**
u	après	**g**		**guêpe**
		q		**quatre**
h	est toujours nul	au commencement d'un mot		**habile**
		entre deux sons		**cahoté**
		joint à une articulation		**rhume**

MOTS.

pain	**peintre**	**craie**	**guêpe**	**habile**	**rhume**
ainsi	**frein**	**folie**	**guérite**	**heure**	**bonheur**
bain	**plein**	**grue**	**guide**	**hibou**	**cathédrale**
étain	**sein**	**joie**	**langue**	**holà**	**enrhumé**
levain	**teindre**	**joue**	**prodigue**	**huile**	**malheur**
main	* **beauté**	**lieue**	* **banque**	* **cahoté**	**méthode**
plainte	**chapeau**	**il paie**	**brique**	**cohorte**	**rhubarbe**
poulain	**manteau**	**il plie**	**liqueur**	**envahir**	**rhythme**
sainte	**rideau**	**il jouera**	**quête**	**souhaité**	**thé**
vaincre	**taureau**	**il tuera**	**quiconque**	**trahir**	**théâtre**

1er Procédé. — Soit POULAIN. Le Moniteur indique d'abord les sons OU et AIN; l'Élève les prononce *seuls;* puis, reprenant, il dit POU LAIN, en syllabant.

2me Procédé. — Le Moniteur indique un mot, l'Élève le lit *sans frapper d'abord les sons.*

3me Procédé. — Soit POULAIN. Le Moniteur : « De quoi est formé POU? — De l'articulation P et du son OU. » — « Et LAIN? — De l'articulation L et du son AIN (*par* A *nul*). » (*Et ainsi de suite.*)

NOUVELLE MÉTHODE DE LECTURE, PAR M. PEIGNÉ.

CHEZ LOUIS COLAS,
LIBRAIRE DE LA SOCIÉTÉ POUR L'INSTRUCTION ÉLÉMENTAIRE, RUE DAUPHINE, N° 32.

IMPRIMERIE DE CASIMIR,
RUE DE LA VIEILLE-MONNAIE, N° 12, QUARTIER DES LOMBARDS.

PHRASES.

le souverain bonheur — un beau château — un peintre habile — une joie vraie — le guide craintif — la liqueur forte — l'histoire fidèle — la cohorte hardie — le thé salutaire = le bain refroidi — un jour serein — le manteau mouillé — une épée tirée — la harangue équivoque — la quête abondante — le hibou solitaire — le char cahoté — le théâtre plein = du sainfoin malsain — de la teinture jaune — l'intrigue épistolaire — le drapeau tricolore.

un grain de blé — un seau d'eau — la gueule du dogue — la qualité du pain — une tache d'huile — la cahute du pauvre — le rhume du malade = le refrain de la chanson — le rideau de l'alcove — la durée de la pluie — la digue du canal — un quarteron de sucre — la honte de la faute = une porte d'airain — la feinte du joueur — la drogue de l'apothicaire — le catalogue du libraire — la suie de la cheminée.

la guêpe pique — la tortue remue — le dogue a aboyé — le peintre barbouille — le taureau ira paître — on tire un rideau — on coupe du pain — on répète un refrain — on paie l'armée — on joue à la toupie — on pique le cheval — on hache de la viande — on fréquente le théâtre — on éteindra le feu — on peindra maman — on a voulu enfreindre la consigne — on teindra mon chapeau — il a été bien enrhumé — la quête a été productive — le traître aura honte d'avoir trahi — mon frère fera sa rhétorique l'an prochain — demain il prendra encore un bain d'une heure — l'écrivain public a un bien faible gain — l'airain se forme de cuivre jaune mêlé d'étain — l'eau s'écoule par un tuyau — on teindra ma robe bleue en noir — la pâte de guimauve me guérira de mon rhume — on a l'habitude de prendre du thé chaque jour au déjeûné.

1er PROCÉDÉ. — Soit PEINTRE. Le Moniteur indique d'abord les sons IN et E ; l'Élève les prononce *seuls;* puis, reprenant, il dit PEIN TRE, en syllabant.

2me PROCÉDÉ. — Le Moniteur indique un mot, l'Élève le lit *sans frapper d'abord les sons.*

3me PROCÉDÉ. — Soit PEINTRE. Le Moniteur : « De quoi est formé PEIN ? — De l'articulation P et du son EIN (*par E nul*). — Et TRE ? — De l'articulation TR et du son E. »... (*Et ainsi de suite.*)

NOUVELLE MÉTHODE DE LECTURE, PAR M. PEIGNÉ.

CHEZ LOUIS COLAS,
LIBRAIRE DE LA SOCIÉTÉ POUR L'INSTRUCTION ÉLÉMENTAIRE, RUE DAUPHINE, N° 32.

IMPRIMERIE DE CASIMIR,
RUE DE LA VIEILLE-MONNAIE, N° 12, QUARTIER DES LOMBARDS.

ÉCOLES ÉLÉMENTAIRES. — *Lecture.*

6e Classe. | LETTRES NULLES (ARTICULATIONS). | N° 31.

LETTRES.

ARTICULATIONS REDOUBLÉES.

bb	ne valent qu'un	**b**	comme dans	**abbé**
cc		**c**		**accablé**
cq		**c**		**acquérir**
ff		**f**		**affiché**
gg		**g**		**aggravé**
ll		**l**		**allumé**
mm		**m**		**ammoniac**
nn		**n**		**année**
pp		**p**		**appui**
rr		**r**		**arrivée**
ss		**s**		**assassin**
tt		**t**		**attaché**

ARTICULATIONS FINALES NULLES.

b	est nul à la fin d'un mot comme dans	**plomb**
c		**broc**
d		**nid**
g		**long**
l		**outil**
p		**drap**
r		**monsieur**
s		**repos**
t		**profit**
x		**prix**
z		**riz**
nt		**ils portent**

1er PROCÉDÉ. — Le Moniteur montrant l'articulation B, par exemple, *dit* BE; l'Élève répète.

2me PROCÉDÉ. — Le Moniteur montre une articulation, *sans la nommer*, l'Élève la nomme.

(*La pratique de ces procédés a lieu sur les articulations ci-dessus.*)

3me PROCÉDÉ. — Le Moniteur : « Montrez P *nul*..... » L'Élève indique la lettre demandée, et lit le mot qui sert d'exemple.

(*La pratique de ce procédé n'a lieu que sur les articulations ci-dessus.*)

NOUVELLE MÉTHODE DE LECTURE, PAR M. PEIGNÉ.

CHEZ LOUIS COLAS,
LIBRAIRE DE LA SOCIÉTÉ POUR L'INSTRUCTION ÉLÉMENTAIRE, RUE DAUPHINE, N° 32.

IMPRIMERIE DE CASIMIR,
RUE DE LA VIEILLE-MONNAIE, N° 12, QUARTIER DES LOMBARDS.

MOTS.

ARTICULATIONS REDOUBLÉES.			ARTICULATIONS FINALES NULLES.		
a bbé	a mmoniac	beu rre	broc	outil	avocat
ra bbin	co mmune	ba rre	accroc	baril	lait
a ccablé	ga mme	ba rricade	cric	coutil	profit
a ccolade	go mme	biga rrure	tabac		bigot
a ccordé	ho mme	bou rre	banc	drap	salut
o ccupé	po mmade	ca rreau	jonc	baptême	surtout
sa ccade	po mme	ma rraine	tronc	galop	front
				loup	défunt
a ffiche	ba nni	a ssassin	nid		il vint
éto ffe	ca nne	bo ssu	chaud	bras	il convient
coi ffe	co nnu	cha sse	froid	amas	il part
gri ffe	éto nné	mou sse	muid	jamais	il court
ra ffineur	ma nne	pali ssade	bavard	avis	il meurt
su ffire	so nneur	pota sse	gourmand	repos	
tou ffe	ta nneur	ra ssuré	sourd	refus	voix
				bois	paix
ba lle	a ppui	a ttache	long	nous	prix
co lle	a pproche	aba ttu	doigté	buis	faux
ma lle	écho ppe	a ttelé	étang	meurs	époux
nu lle	envelo ppe	bo ttine	faubourg	secours	
pupi lle	gri ppe	cha tte	poing	dedans	ils aiment
ra llumé	hu ppe	gou tte	rang	moins	ils dorment
vi lle	na ppe	pa tte	sang	parlons	ils rêvent

1er PROCÉDÉ. — Soit ABBÉ. Le Moniteur indique d'abord les sons A et É; l'Élève les prononce *seuls;* puis, reprenant, il dit A BBÉ, en syllabant.

2me PROCÉDÉ. — Le Moniteur indique un mot, l'Élève le lit *sans frapper d'abord les sons.*

3me PROCÉDÉ. — Soit BANNI. Le Moniteur : « De quoi est formé BA? — De l'articulation B et du son A. » — « Et NNI? — De l'articulation *redoublée* NN et du son I. » (*Et ainsi de suite.*)

NOUVELLE MÉTHODE DE LECTURE, PAR M. PEIGNÉ.

CHEZ LOUIS COLAS,
LIBRAIRE DE LA SOCIÉTÉ POUR L'INSTRUCTION ÉLÉMENTAIRE, RUE DAUPHINE, N° 32.

IMPRIMERIE DE CASIMIR,
RUE DE LA VIEILLE-MONNAIE, N° 12, QUARTIER DES LOMBARDS.

6e Classe. LETTRES NULLES (ARTICULATIONS). N° 33.

PHRASES.

l'a ccapareur avare — le riche a cquéreur — une éto ffe gro ssière — la ba lle élastique — une gro sse gra ppe — de la go mme arabique — une bo nne ca nne — du beu rre frais — une mou sse épai sse — un cheval a ttelé = du tabac râpé — un banc co mmode — un étang poi sso nneux — un nid aba ttu — un marchand forain — un baril plein — l'automne froid — le sirop liquide — un petit coup — une gro sse souris — le jabot pli ssé — un secours o pportun — un pont suspendu = la soutane de l'a bbé — la coi ffe de mou sseline — une vi lle de pru sse — la po mmade du coi ffeur — la po mme de la ca nne — une na ppe de toile — la pa tte de la cha tte — le ca rro sse du roi — la béca sse du cha sseur = le nid de la lino tte — du tabac en caro tte — le faubourg de la vi lle — trop de beu rre — un caleçon de coutil — la voix du malheureux — le dos de la souris — le long de l'étang.

le malheur accable — j'occupe une salle basse — l'affaire offre beaucoup de difficultés — prête-moi ta balle — ta pomme sera molle — donne-moi ma canne — apporte la nappe — le carrosse arrivera bientôt — l'assassin a passé par-dessus la palissade — ma chatte a mal à la patte = porte le broc sur le banc — le marchand vend du lard — d'un coup de poing il a fait jaillir le sang — ne tenons jamais aucun discours qui puisse nous faire tort — parlons bas.

charles, veux-tu du tabac? — non, ma bonne, je suis trop petit; donne-moi plutôt du chocolat ou un biscuit — vois donc, je me suis donné un coup si fort que le sang coule. je suis mort! je suis mort! — tant pis pour vous, monsieur, vous n'êtes jamais obéissant; vous voilà puni — oh! ne le dis pas à maman, car je serais grondé, et je n'irais pas demain au bois de romainville.

1er PROCÉDÉ. — Soit ABBÉ. Le Moniteur indique d'abord les sons A et É; l'Élève les prononce *seuls*; puis, reprenant, il dit A BBÉ, en syllabant.

2me PROCÉDÉ. — Le Moniteur indique un mot, l'Élève le lit *sans frapper d'abord les sons.*

5me PROCÉDÉ. — Soit BANNI. Le Moniteur : « De quoi est formé BA? — De l'articulation B et du son A. » — « Et NNI? — De l'articulation *redoublée* NN et du son I. » (*Et ainsi de suite.*)

NOUVELLE MÉTHODE DE LECTURE, PAR M. PEIGNÉ.

CHEZ LOUIS COLAS,
LIBRAIRE DE LA SOCIÉTÉ POUR L'INSTRUCTION ÉLÉMENTAIRE, RUE DAUPHINE, N° 32.

IMPRIMERIE DE CASIMIR,
RUE DE LA VIEILLE-MONNAIE, N° 12, QUARTIER DES LOMBARDS.

ÉCOLES ÉLÉMENTAIRES. — *Lecture.*

7e Classe. VALEUR EXCEPTIONNELLE DE QUELQUES LETTRES (SONS). N° 34.

LETTRES.

e a quelquefois la valeur de	a	comme dans	prudemment
	é		nez
	è		fer
il	ill		bail
ueil	euill		écueil

Voyez les *procédés* du Tableau n° 1.

MOTS.

prudemment	**nez**	**fer**	**violette**	**bail**	**écueil**
da	né	fèr	lè	baill	qeuill
ardemment	assez	avec	effort	corail	accueil
confidemment	chantez	bec	ellébore	détail	orgueil
différemment	dansez	bref	ennemi	éventail	recueil
évidemment	dînez	chef	erreur	travail	»
fréquemment	partez	cruel	essieu	conseil	»
insolemment	venez	fiel	greffe	orteil	»
opulemment	boucher	hôtel	nouvelle	réveil	»
violemment	cocher	miel	renne	soleil	»
ennoblir	fumier	mer	terre	deuil	»
femme	lâcher	ver	tresse	écureuil	»
hennir	marcher	verset	prétexte	fauteuil	»
solennité	parier	violet	veste	seuil	»

1er PROCÉDÉ. — Soit ASSEZ. Le Moniteur indique d'abord les sons A et EZ; l'Élève les prononce *seuls;* puis, reprenant, il dit A SSEZ, en syllabant.

2me PROCÉDÉ. — Le Moniteur indique un mot, l'Élève le lit *sans frapper les sons.*

(S'il se trompe, on lui fait relire le premier mot de la colonne.)

3me PROCÉDÉ. — Soit TERR E. Le Moniteur : « De quoi est formé TÈ? — De l'articulation T et du son È (*par* E). — Et RRE? — De l'articulation *redoublée* RR et du son E.

NOUVELLE MÉTHODE DE LECTURE, PAR M. PEIGNÉ.

CHEZ LOUIS COLAS,
LIBRAIRE DE LA SOCIÉTÉ POUR L'INSTRUCTION ÉLÉMENTAIRE, RUE DAUPHINE, N° 32.

IMPRIMERIE DE CASIMIR,
RUE DE LA VIEILLE-MONNAIE, N° 12, QUARTIER DES LOMBARDS.

PHRASES.

un feuillet, une promesse, une lettre, une chapelle, la solennité, un recueil, le travail — la terre, la mer et le soleil; le tonnerre et le verglas; une serviette et une assiette; une écuelle, un verre et un sucrier; du sel, une omelette et un brochet; le valet et la servante; un poirier et un pêcher; l'orgueil et la fierté; un merle, un perroquet et un sansonnet.

la promesse solennelle — le chef cruel — un fier ennemi — un bel éventail — le fiel amer — le dernier recueil — la vieillesse respectée — le prunier greffé — la perte cruelle — le conseil perfide — la belle femme — la vertu modeste.

un ver de terre — un cahier de papier — l'adresse du cocher — l'essieu de la berline — le soleil de juillet — le bec du perroquet — le nez du polichinelle — assez de travail — la vertu de l'ouvrier.

travaillez ardemment, étudiez fréquemment, parlez prudemment.

cherchez et vous trouverez — ne répondez pas avec orgueil, car la fierté sied mal : soyez donc modeste — respectez la vieillesse — l'orgueil ne peut ni conserver la santé ni augmenter le mérite personnel — pratiquez la vertu — ne mentez jamais = écoutez quelques maximes sur le travail — le travail est la plus belle richesse; fuyez donc la paresse et redoublez d'efforts. labourez la terre pendant que le paresseux dort, et vous aurez du blé à vendre et à garder — croyez-vous que la paresse procure plus d'agrément que le travail? — si vous voulez avoir un serviteur fidèle, servez-vous vous même : enfin que le travail marche avec vous depuis le lever du soleil jusqu'à l'heure du sommeil — faute d'un clou, le fer d'un cheval se perd; faute d'un fer, on perd le cheval, et faute d'un cheval, le cavalier est perdu, car son ennemi l'atteint et le tue.

1er PROCÉDÉ. — Soit VERTU. Le Moniteur indique d'abord les sons ER et U ; l'Élève les prononce *seuls;* puis, reprenant, il dit VER TU, en syllabant.

2me PROCÉDÉ. — Le Moniteur indique un mot, l'Élève le lit *sans frapper d'abord les sons.*

3me PROCÉDÉ. — Soit TERRE. Le Moniteur : « De quoi est formé TÈ? — De l'articulation T et du son È (*par* E). — Et RRE? — De l'articulation *redoublée* RR et du son E. »... (*Et ainsi de suite.*)

NOUVELLE MÉTHODE DE LECTURE, PAR M. PEIGNÉ.

CHEZ LOUIS COLAS,
LIBRAIRE DE LA SOCIÉTÉ POUR L'INSTRUCTION ÉLÉMENTAIRE, RUE DAUPHINE, N° 32.

IMPRIMERIE DE CASIMIR,
RUE DE LA VIEILLE-MONNAIE, N° 12, QUARTIER DES LOMBARDS.

ÉCOLES ÉLÉMENTAIRES. — *Lecture.*

7e Classe. VALEUR EXCEPTIONNELLE DE QUELQUES LETTRES (ARTICULATIONS). N° 36.

LETTRES.

c	a toujours la valeur de	**s**	devant E, I, comme dans	**ceci**
g		**j**		**sage**
s	a ordinairement la valeur de	**z**	entre deux sons	**rose**
t		**s**	devant un son commençant par I,	**ration**

MOTS.

cè dre (sè)	**ci dre** (si)	**sa ge** (je)	**a gile** (ji)	**rose** (ze)	**ra tion** (sion)
cé leri	**ci gale**	**gé mir**	**gi becière**	**base**	**facé tie**
cé libat	**ci catri ce**	**gé néral**	**gi berne**	**diocèse**	**minu tie**
ce pendant	**ci tron**	**ge nou**	**gi bier**	**église**	**prophé tie**
cer cle	**cir constance**	**ger be**	**gi roflée**	**prose**	**balbu tier**
cer velle	**cir culaire**	**ger çure**	**gî te**	**récluse**	**ini tier**
cein ture	**cinq**	**gen dre**	**gin dre**	**brodeuse**	**ini tial**
cen dre	**cin tre**	**gen til**	**é gi de**	**épouse**	**par tial**
auda ce	**a ci de**	**baga ge**	**o gi ve**	**toise**	**essen tiel**
espè ce	**homi ci de**	**corté ge**	**ori gi ne**	**il amusa**	**pestilen tiel**
justi ce	**indé cis**	**diri gé**	**ré gi me**	**brisé**	**substan tiel**
négo ce	**pré cis**	**élo ge**	**re gi stre**	**choisi**	**ac tion**
pu ce	**sou cis**	**ju ge**	**ri gi de**	**cousu**	**déser tion**
pin ce	**dur cir**	**na geur**	**a gir**	**besoin**	**fac tion**
pou ce	**noir cir**	**pi geon**	**mu gir**	**courtisan**	**fac tieux**
ron ce	**rétré cir**	**rou geole**	**rou gir**	**toison**	**sédi tieux**

1er PROCÉDÉ. — Soit PINCE. Le Moniteur indique d'abord les sons IN et E; l'Élève les prononce *seuls;* puis, reprenant, il dit PIN CE, en syllabant.

2me PROCÉDÉ. — Le Moniteur indique un mot, l'Élève le lit *sans frapper d'abord les sons.*

3me PROCÉDÉ. — Soit PINCE. Le Moniteur : « De quoi est formé PIN? — De l'articulation P et du son IN. » — « Et CE? — De l'articulation S (*par* C) et du son E. » (*Et ainsi de suite.*)

NOUVELLE MÉTHODE DE LECTURE, PAR M. PEIGNÉ.

CHEZ LOUIS COLAS,
LIBRAIRE DE LA SOCIÉTÉ POUR L'INSTRUCTION ÉLÉMENTAIRE, RUE DAUPHINE, N° 32.

IMPRIMERIE DE CASIMIR,
RUE DE LA VIEILLE-MONNAIE, N° 12, QUARTIER DES LOMBARDS.

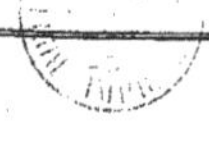

PHRASES.

du cerfeuil et du céleri — la cigale et le ciron — l'engelure et la gerçure — du gigot et de la gibelotte — le besoin et le désir — la faction et la désertion.

la porcelaine fragile — le cousin germain — l'épouse capricieuse — l'heureuse circonstance — la rose rouge — le régime rigide — la précaution essentielle = l'avarice odieuse — la ration substantielle — le citron acide — le pigeon agile.

la cicatrice du général — la tige de la giroflée — la cloison de la masure — l'audace de la puce — la désertion du factionnaire.

rétrécir une ceinture — éclaircir un doute — diriger un cortége — manger à loisir — balbutier une excuse — refuser un asile — causer une surprise — prononcer un éloge — briser une cloison — mesurer une pièce de toile.

le cirage noircit — la tourterelle gémit — le taureau mugit, le lion rugit, le fer rougit.

on farcit une dinde — on rélargit un corset ou on le rétrécit — on raccourcit un habit — on régit une ferme — on épouse la cause de quelqu'un — on prend patience — on agit en conséquence et selon la circonstance — on accepte ou l'on refuse une invitation — on blâme une mauvaise action — obligeons tout le monde — ne négligeons pas nos devoirs — l'hiver, il gèle fort : privé de feu, le malheureux gémit dans son gîte : soulageons-le — l'oisiveté use plus que le travail — la paresse rend tout difficile; le travail rend tout aisé — l'avarice éteint tout sentiment généreux — le plaisir court après ceux qui le fuient — ce n'est point assez de l'amour du travail, il faut avoir de la constance et de la résolution — ayez aussi beaucoup de soin et de circonspection, parcequ'il arrive souvent qu'une légère négligence produit un grand mal — cette doctrine est celle de la raison.

1er PROCÉDÉ. — Soit CERFEUIL. Le Moniteur prononce CER-FEUIL, en montrant le mot; l'Élève dit CER-FEUIL.

2me PROCÉDÉ. — Le Moniteur indique CERFEUIL *sans parler;* l'Élève dit CERFEUIL.

3me PROCÉDÉ. — Soit CERFEUIL. Le Moniteur : « De quoi CERFEUIL? — De CER-FEUIL. — Le Moniteur : De quoi CER? — De S (*par* C) et de ÈR (*par* E). — Le Moniteur : Et FEUIL? — De F et de EUILL (*par* IL).

NOUVELLE MÉTHODE DE LECTURE, PAR M. PEIGNÉ.

CHEZ LOUIS COLAS,
LIBRAIRE DE LA SOCIÉTÉ POUR L'INSTRUCTION ÉLÉMENTAIRE, RUE DAUPHINE, N° 32.

IMPRIMERIE DE CASIMIR,
RUE DE LA VIEILLE-MONNAIE, N° 12, QUARTIER DES LOMBARDS.

ÉCOLES ÉLÉMENTAIRES. — *Lecture.*

7e Classe. AUTRES SIGNES ÉQUIVALENTS ET LETTRES NULLES (CAS RARES). N° 38.

LETTRES.

SIGNES ÉQUIVALENTS.				LETTRES NULLES.	
œ a la valeur de	**e** dans	**sœur**	**a** est nul dans	**août**
	é	**œdipe**	**e**	**asseoir**
k	**c**	**alkali**	**o**	**faon**

MOTS ET PHRASES.

sœur — bœuf, cœur, nœud, œuf, œuvre, vœu.

œdipe — œcuménique, œdème, œsophage, œta.

alkali — kalmouk, kilomètre, kiosque, knout, moka, nankin.

sois complaisant pour ta sœur, — vois la grosseur de ce bœuf — veux-tu un œuf à la coque? — aimons nos parents de tout notre cœur — ce nœud de ruban est fait avec goût.

œcuménique veut dire universel — un œdème est une tumeur molle — l'œsophage est le canal de la bouche à l'estomac.

le peuple kalmouk habite la grande tartarie — le kilomètre vaut mille mètres — un kiosque est un pavillon de jardin turc — j'aime le café moka — il a un pantalon de nankin.

aoùt — aoriste, aoûteron, saône, taon.

asseoir — surseoir, jeanne.

faon — laon, paon.

l'aoriste est la même chose que le prétérit défini — un aoûteron est un moissonneur — c'est au mois d'août que l'on fait la moisson — la saône est une rivière de france — le taon est une grosse mouche.

voulez-vous vous asseoir? — surseoir, c'est remettre quelque chose à une autre époque — jeanne, allez à la cave.

le faon est le petit d'une biche — la ville de laon, chef-lieu du département de l'aisne, est située sur une très haute montagne — le paon est plein d'orgueil : ne l'imitez pas.

NOUVELLE MÉTHODE DE LECTURE, PAR M. PEIGNÉ.

CHEZ LOUIS COLAS,
LIBRAIRE DE LA SOCIÉTÉ POUR L'INSTRUCTION ÉLÉMENTAIRE, RUE DAUPHINE, N° 32.

IMPRIMERIE DE CASIMIR,
RUE DE LA VIEILLE-MONNAIE, N° 12, QUARTIER DES LOMBARDS.

ÉCOLES ÉLÉMENTAIRES. — *Lecture.*

7e Classe. VALEUR EXCEPTIONNELLE DE QUELQUES AUTRES LETTRES (CAS RARES). N° 39.

LETTRES.

SONS.

e	a la valeur de —	è	comme dans	**tu es**
u	—	o	—	**album**
		ou	—	**équateur**
ai	—	é	—	**j'ai**
eu	—	u	—	**il a eu**
en	—	in	—	**mentor**

ARTICULATIONS.

m	a la valeur de —	n	comme dans	**bambou**
ch	—	c	—	**choléra**
gn	—	g-n	—	**ag nus**
x	—	g-z	—	**examen**
ll	—	ill	—	**fi lle**
l				**babi l**

MOTS ET PHRASES.

tu es — ces, des, tes, mes, ses tes.

album — décorum, factotum, factum, forum, laudanum, opium.

équateur — aquatique, quatuor, quadrature, quadrupède.

j'ai — aigu, aimable, j'aurai, je serai, j'irai, je reviendrai.

il a eu — j'eus, tu eus, il eut, nous eûmes, vous eûtes.

mentor — benjamin, benjoin, européen, phocéen, vendéen.

regarde ces édifices — le forum était une place publique à rome — les quadrupèdes ont quatre pieds — je serai aimable — le benjoin est une résine aromatique.

bambou — empire, imbécille, daim, essaim, faim, nom, parfum.

choléra — chœur, choriste, écho.

agnus — ignition, regnicole.

examen — exactitude, exécuté, (x pour **z : deuxième; —** pour **s : soixante).**

fille — coquille, famille, vrille.

babil — gril, péril, persil.

le ver rampe — écoute l'écho — il a exécuté son exemple — ma fille, réprimez votre babil — j'ai faim.

---

les présidents président — les enfants dorment profondément — ne sois pas impatient — on tient sa promesse — les enfants balbutient.

NOUVELLE MÉTHODE DE LECTURE, PAR M. PEIGNÉ.

CHEZ LOUIS COLAS, LIBRAIRE DE LA SOCIÉTÉ POUR L'INSTRUCTION ÉLÉMENTAIRE, RUE DAUPHINE, N° 32.

IMPRIMERIE DE CASIMIR, RUE DE LA VIEILLE-MONNAIE, N° 12, QUARTIER DES LOMBARDS.

ÉCOLES ÉLÉMENTAIRES. — *Lecture.*

8e Classe. AUTRES FORMES DES LETTRES. **N° 40.**

Lettres ordinaires.	a	b	c	d	e	f	g	h	i	j	k	l	m
— italiques.	*a*	*b*	*c*	*d*	*e*	*f*	*g*	*h*	*i*	*j*	*k*	*l*	*m*
— cursives.	a	b	c	d	e	f	g	h	i	j	k	l	m
— rondes.	a	b	c	d	e	f	g	h	i	j	k	l	m
— gothiques.	a	b	c	d	e	f	g	h	i	j	k	l	m
— majuscules.	A	B	C	D	E	F	G	H	I	J	K	L	M
Lettres ordinaires.	n	o	p	q	r	s	t	u	v	x	y	z	œ
— italiques.	*n*	*o*	*p*	*q*	*r*	*s*	*t*	*u*	*v*	*x*	*y*	*z*	*œ*
— cursives.	n	o	p	q	r	s	t	u	v	x	y	z	œ
— rondes.	n	o	p	q	r	s	t	u	v	x	y	z	œ
— gothiques.	n	o	p	q	r	s	t	u	v	x	y	z	œ
— majuscules.	N	O	P	Q	R	S	T	U	V	X	Y	Z	Œ

SIGNES DE PONCTUATION ET AUTRES.

,	;	:	.	?	!	. . . . .	’	( )	[ ]	—	« »	§
virgule	point-virgule	deux points	point	point interrogatif	point exclamatif	points suspensifs	apostrophe	parenthèses	crochets	tiret	guillemets	paragraphe.

PRINCIPALES ABRÉVIATIONS.

Mr	— monsieur.	Me	— maître.	S. A. R.	— son altesse royale.	C. A. D.	— c'est-à-dire.
M.	— monsieur.	Md	— marchand.	S. A. S.	— son altesse sérénissime.	N. B.	— nota bene (*remarquez*).
MM.	— messieurs.	Mgr	— monseigneur.	S. E.	— son éminence.	P. S.	— post-scriptum.
Mme	— madame.	Le Sr	— le sieur.	S. S.	— sa sainteté (*le pape*).	Ex :	— exemple.
Mlle	— mademoiselle.	S. M.	— sa majesté.	V. S.	— votre seigneurie.	etc.	— et cœtera (*et le reste*).

NOUVELLE MÉTHODE DE LECTURE, PAR M. PEIGNÉ.

CHEZ LOUIS COLAS,
LIBRAIRE DE LA SOCIÉTÉ POUR L'INSTRUCTION ÉLÉMENTAIRE, RUE DAUPHINE, N° 32.

IMPRIMERIE DE CASIMIR,
RUE DE LA VIEILLE-MONNAIE, N° 12, QUARTIER DES LOMBARDS.

DES VERTUS ET DES VICES.

La *Vertu* nous porte à faire le bien et à éviter le mal. Le *Vice* est l'ennemi de la vertu.

La source de toutes les vertus, c'est la *Justice*. Elle nous apprend à faire pour les autres ce que nous voudrions qu'ils fissent pour nous-mêmes. Elle nous défend donc de prendre le bien des autres ou de leur nuire de quelque manière que ce soit. Toute action contraire à ce précepte est une *Injustice*.

L'*Amour du Travail* assure à l'homme mille moyens d'être heureux. Le travail est le gardien des vertus, car, tandis que nous travaillons, nous ne contractons point de mauvaises habitudes. L'*Oisiveté*, au contraire, est la mère des vices, car l'homme qui ne fait rien apprend ordinairement à mal faire.

La *Modestie* consiste à ne point être fier de ses talents ou de ses vertus. Au contraire, l'*Orgueil* est une opinion avantageuse de soi-même, accompagnée de mépris pour les autres. La modestie fait briller les talents; l'orgueil, partage des sots, rend ceux-ci insupportables aux autres hommes.

La *Bonnefoi* est l'attachement inviolable à garder notre parole : elle nous impose le devoir de ne jamais tromper personne. La bonnefoi est la compagne de la *Sincérité*. Celui qui parle contre la vérité et contre sa conscience fait un *Mensonge*.

On appèle *Tempérance* la modération en toute chose, et *Sobriété* la modération dans l'usage du boire et du manger. La sobriété entretient la santé et nous préserve des excès de l'*Intempérance*. Celle-ci trouble la raison, abrutit l'esprit, détourne l'ouvrier de son travail, le marchand de son commerce, provoque les querelles et conduit bien des hommes à l'hôpital.

La *Douceur* nous fait aimer de nos semblables; la *Colère* fait qu'ils nous craignent et nous évitent.

Le *Pardon des injures* est une vertu digne d'un grand cœur, tandis que la *Vengeance* n'habite que dans une ame basse et méprisable.

NOUVELLE MÉTHODE DE LECTURE, PAR M. PEIGNÉ.

CHEZ LOUIS COLAS,
LIBRAIRE DE LA SOCIÉTÉ POUR L'INSTRUCTION ÉLÉMENTAIRE, RUE DAUPHINE, N° 32.

IMPRIMERIE DE CASIMIR,
RUE DE LA VIEILLE-MONNAIE, N° 12, QUARTIER DES LOMBARDS.

DES DEVOIRS.

Le premier devoir pour un enfant est d'aimer et de respecter son père et sa mère. C'est à eux qu'il doit tout ce qu'il est, tout ce qu'il possède, et il ne peut payer tant de bienfaits que par la reconnaissance la plus sincère, la soumission la plus grande, et la plus vive tendresse. Cette tendresse, que l'on appèle amour filial, *nous prescrit de soulager nos parents dans leurs travaux et dans leurs peines, d'exécuter leurs volontés, d'aller au-devant de leurs désirs, surtout de les secourir dans leur vieillesse ou dans leurs besoins.*

Quand vous serez hommes, vous occuperez une place dans la société. Votre premier devoir alors sera d'aimer la patrie et d'obéir aux lois. Vous serez riches *peut-être : n'oubliez pas, dans ce cas, que le plus noble et le plus utile emploi des richesses est de soulager les malheureux qui souffrent. On adore presque l'homme riche qui est humain et bienfesant. Si vous êtes* pauvres, *ne perdez jamais de vue que le travail est une ressource certaine contre l'indigence. Soyez probes et honnêtes : il n'y a rien de si beau ni de si respectable que la vertu qui ne se dément pas au sein même de la misère. Enfin, gardez-vous bien de porter envie aux riches, car les riches ne sont pas aussi heureux qu'on le peut croire. S'ils ont les biens en abondance, ils ont aussi en abondance les soucis et les chagrins.*

Si vous êtes artisans, *soyez laborieux, fidèles et honnêtes. Si vous êtes* cultivateurs, *respectez la propriété d'autrui, la moisson, les prairies et les arbres de vos voisins. Traitez avec bonté les personnes attachées à votre service, et ne maltraitez pas les animaux qui partagent avec vous les travaux de la campagne. Enfin, si vous êtes dans le* commerce, *souvenez-vous que les plus belles qualités du marchand sont la probité et l'intelligence. Soyez donc honnêtes, mettez de l'ordre dans vos affaires, et remplissez scrupuleusement vos engagements.*

NOUVELLE MÉTHODE DE LECTURE, PAR M. PEIGNÉ.

CHEZ LOUIS COLAS,
LIBRAIRE DE LA SOCIÉTÉ POUR L'INSTRUCTION ÉLÉMENTAIRE, RUE DAUPHINÉ, N° 32.

IMPRIMERIE DE CASIMIR,
RUE DE LA VIEILLE-MONNAIE, N° 12, QUARTIER DES LOMBARDS.

FUYONS LE MENSONGE.

Ne nous abaissons jamais à faire un mensonge, et que la vérité se place seule sur nos lèvres. Le mensonge annonce toujours le vice; la franchise est le caractère des belles ames; et ceux qui ne craignent pas la vérité ne la déguisent jamais.

Combien le mensonge vous avilit! il vous réduit à craindre sans cesse que la vérité ne se découvre. Un mot vous trouble et vous déconcerte; la rougeur vous monte au visage, et votre embarras seul vous trahit. Quel rôle humiliant! et qui peut vous réduire à le jouer?

Sera-ce dans la vue d'un *avantage* quelconque? Mais on *dérobe* ce qu'on n'obtient que par un mensonge : c'est un bien honteusement acquis.

Sera-ce pour vous *vanter*, pour vous faire honneur de choses qui ne sont pas vraies, et vous donner un mérite que vous n'avez pas? Mais on aura beau vous faire de vains éloges, votre conscience les démentira; vous sentirez toujours au-dedans de vous-mêmes que vous en êtes indignes.

Est-ce pour vous *divertir* que vous imaginerez des mensonges? Pourquoi prendre plaisir à ce qui est blâmable? Vous vous en faites un jeu; mais en jouant vous en contractez l'habitude : on commence par des plaisanteries, on finit par des choses sérieuses.

C'est enfin un mauvais subterfuge que de mentir pour *s'excuser* : c'est ajouter à la première faute la faute du mensonge, et l'on aura deux fois à rougir au jour où tout se dévoilera. Avouez franchement, votre cœur sera soulagé. LA FRANCHISE A UN CARACTÈRE SI NOBLE QU'ELLE SEMBLE EFFACER LES TORTS; ELLE MONTRE QU'IL RESTE DE L'HONNEUR ET DE LA PROBITÉ DANS LE CŒUR DE CELUI QUI S'EST ÉGARÉ UN MOMENT, ET QU'IL EST CAPABLE DE FAIRE LE BIEN, PUISQU'IL SAIT RECONNAITRE LE MAL. (*E. Delapalme.*)

NOUVELLE MÉTHODE DE LECTURE, PAR M. PEIGNÉ.

CHEZ LOUIS COLAS,
LIBRAIRE DE LA SOCIÉTÉ POUR L'INSTRUCTION ÉLÉMENTAIRE, RUE DAUPHINE, N° 32.

IMPRIMERIE DE CASIMIR,
RUE DE LA VIEILLE-MONNAIE, N° 12, QUARTIER DES LOMBARDS.

NE NOUS METTONS JAMAIS EN COLÈRE.

Le petit Émile ayant un jour oublié de fermer la porte du jardin, une poule y entra. Les poules sont, comme on sait, d'assez mauvaises jardinières. Celle dont nous parlons s'étant mise à gratter la terre, eut bientôt fait beaucoup de dégât, et, entre autres choses, elle laboura à sa manière une plate-bande dans laquelle Émile avait semé de la graine d'œillets. Un quart d'heure après, étant revenu au jardin, et ayant vu le ravage que la poule avait fait, Émile se mit dans une grande colère. « Attends, cria-t-il, vilaine bête, attends; tu vas me le payer. » En même temps, il court à la porte, et, l'ayant fermée, pour empêcher la poule d'échapper à sa vengeance, il prend du sable, des mottes de terre, des pierres, et les jette après la pauvre poule qui ne savait où se cacher. Elle essaya plusieurs fois de voler par-dessus la muraille; mais, n'ayant pu y parvenir, elle cassa un pot de fleurs où il y avait de très beaux œillets. Émile alors ne se posséda plus, et se mit à la poursuivre, comme un furieux, à travers les plates-bandes, écrasant les tulipes et les jacinthes. Il ramassa encore des pierres pour les jeter à la poule; mais la première qu'il lui lança, au lieu de l'atteindre, alla briser un carreau de vitre. « Maudite bête, s'écria-t-il alors, il faut que tu meures. » Et prenant un râteau pour assommer la poule, il en donna un si violent coup par terre, que le râteau se cassa. En ce moment, le papa d'Émile paraît : « Est-il possible, lui dit-il, que tu aies assez peu de bon sens pour te mettre en colère contre une poule? Tu devrais rougir de tout ce que tu viens de faire. Cette malheureuse bête pouvait-elle deviner que tu avais semé des graines dans tes plates-bandes, et qu'il lui était défendu d'y chercher quelque chose pour se nourrir? Tout le tort est de ton côté; car il ne fallait pas oublier de fermer la porte. Et puis, si, après avoir laissé entrer la poule dans le jardin, tu avais essayé de la chasser doucement, en tenant la porte ouverte, et que tu n'eusses point cherché à te venger, tu n'aurais cassé ni pots, ni vitres, ni râteau. »

Émile se repentit de sa faute, et l'on dit qu'il ne se mit plus en colère.

NOUVELLE MÉTHODE DE LECTURE, PAR M. PEIGNÉ.

CHEZ LOUIS COLAS, LIBRAIRE DE LA SOCIÉTÉ POUR L'INSTRUCTION ÉLÉMENTAIRE, RUE DAUPHINE, N° 32.

IMPRIMERIE DE CASIMIR, RUE DE LA VIEILLE-MONNAIE, N° 12, QUARTIER DES LOMBARDS.

SOYONS DISCRETS.

Théodore a malheureusement contracté l'habitude de parler sans aucune retenue, à tort et à travers. A-t-il appris quelque secret, il brûle de le répandre : il n'a point de repos qu'il ne l'ait divulgué partout, et qu'il ne l'ait dit à tous ses amis et à toutes ses connaissances. Ce qu'il y a de pire, c'est qu'il raconte au premier venu tout le mal qu'il a entendu dire, sans réfléchir qu'il peut faire tort et causer beaucoup de chagrin à bien des personnes.

Ce petit bavard, en se conduisant ainsi, est devenu le fléau de toute la maison, et même de tous ceux qui ont la moindre liaison avec lui ou avec ses parents. Partout où il va, son indiscrétion et son caquet portent le trouble, et sèment la discorde et le mécontentement.

Aussi (ce qui n'est pas surprenant), il n'a presque plus d'amis ni de camarades. Chacun le fuit et le déteste; personne ne veut plus le fréquenter : quelque part qu'il aille, on lui ferme toutes les portes, et on l'exclut de toutes les réunions.

Il n'est pas possible que l'éloignement qu'on témoigne à Théodore ne lui ait déjà fait faire bien des réflexions; mais il comprendra encore mieux un jour combien sa conduite est faite pour le rendre odieux. Il formera sûrement alors la résolution de changer; mais, hélas! quand on a eu le malheur de contracter une mauvaise habitude, il est bien difficile de s'en défaire.

J'ai connu autrefois une demoiselle qui avait le même défaut que Théodore, et qui n'avait pu s'en corriger entièrement. Elle détestait son indiscrétion, et cependant elle y retombait toujours. Aussi, lorsqu'elle fut en âge d'être mariée, aucun homme ne voulut l'avoir pour femme, et elle fut obligée de se résoudre à vivre dans la solitude et dans l'oubli.

Théodore ne fournira pas une nouvelle preuve de cette vérité : *Les fautes de notre enfance font quelquefois le malheur de toute notre vie, et, par l'indiscrétion, on se nuit encore plus à soi-même qu'on ne nuit aux autres.* (L. Gautier.)

NOUVELLE MÉTHODE DE LECTURE, PAR M. PEIGNÉ.

CHEZ LOUIS COLAS, LIBRAIRE DE LA SOCIÉTÉ POUR L'INSTRUCTION ÉLÉMENTAIRE, RUE DAUPHINE, N° 32.

IMPRIMERIE DE CASIMIR, RUE DE LA VIEILLE-MONNAIE, N° 12, QUARTIER DES LOMBARDS.

NE SOYONS PAS PRÉSOMPTUEUX.

Vous savez déjà que la présomption *est une opinion trop avantageuse de soi-même; vous savez aussi qu'elle nous rend insupportables, et qu'elle détruit tout le mérite que nous pouvons avoir: l'histoire que je vais vous raconter en est une preuve bien convaincante.*

Le jeune Henri ne manquait pas de talents; il avait même plus de connaissances que n'en ont ordinairement les enfants de son âge. Il commençait à parler assez bien plusieurs langues; il cultivait surtout avec succès la musique et le dessin; mais une excessive présomption ternissait tant de talents naissants, et rendait Henri presque odieux à tout le monde. Lorsque l'on s'entretenait de quelques enfants qui passaient pour habiles, il en parlait comme s'il leur eût été bien supérieur, et jamais il ne dit quelque chose à la louange d'un autre. Voyons comment il fut puni de ce vilain défaut.

Il alla un jour avec plusieurs de ses camarades dans une assemblée où se trouvait un habile joueur de violon. Celui-ci avait souvent entendu parler du talent de Henri sur cet instrument. Très curieux de juger par lui-même de sa capacité, il l'invita à jouer un morceau de musique qu'il lui présenta. Henri fut effrayé de cette proposition; mais comme il s'était vanté tant de fois d'exécuter les morceaux les plus difficiles, il fut forcé de se rendre au desir du musicien. Il commença donc à jouer, mais il s'en acquitta fort mal. Il se trompait à chaque instant, et manquait la mesure. Alors ses camarades se mirent à chuchoter entre eux, à sourire; enfin les murmures de l'assemblée obligèrent le pauvre Henri à se retirer tout honteux.

Ses camarades n'auraient peut-être pas mieux joué que lui; cependant, comme ils ne s'étaient jamais vantés d'être habiles musiciens, on ne se serait pas moqué d'eux.

Henri reçut ainsi une leçon bien mortifiante pour lui; mais il la méritait. Puisse-t-elle lui avoir appris que la présomption est un grand défaut, et qu'il n'y en a point qui nous rende si méprisables et si ridicules! (*L. Gautier.*)

CHEZ LOUIS COLAS, LIBRAIRE DE LA SOCIÉTÉ POUR L'INSTRUCTION ÉLÉMENTAIRE, RUE DAUPHINE, N° 32.

IMPRIMERIE DE CASIMIR, RUE DE LA VIEILLE-MONNAIE, N° 12, QUARTIER DES LOMBARDS.

AMOUR PATERNEL.

La vie d'un père est un sacrifice continuel pour ses enfants; c'est pour eux qu'il travaille, pour eux que son front se couvre de sueur; et, pour prix de ses fatigues, il ne demande que leur affection et leurs caresses.

Un père de famille était plongé dans la misère : ses enfants, pleurant autour de lui, lui demandaient du pain, mais il ne pouvait leur répondre que par ses larmes et son désespoir. Longtemps il les avait fait vivre du travail de ses mains : alors ils fesaient sa joie, et bondissaient autour de lui dans leurs jeux; mais une longue maladie avait usé ses forces, et sa joie s'était changée en amertume.

Un jour, tout plein de sa douleur, il sort, il s'arrache à la vue et aux cris de ses enfants, et court çà et là, sans savoir où le portent ses pas. Tout-à-coup une voix frappe ses oreilles : il entend qu'on promet une récompense à celui qui, dans une école de chirurgie voisine, ira se livrer à de jeunes étudiants auxquels on apprend à saigner. Il y vole; il se présente, et bientôt le sang coule d'un de ses bras. A peine a-t-on bandé la plaie, il offre l'autre bras, et reçoit avec joie une seconde blessure. Saisissant alors l'argent dont on le paie, il court, tout tremblant de plaisir, acheter la nourriture nécessaire à ses enfants, et s'empresse de retourner à sa demeure. Il entre : sa jeune famille l'entoure; il les presse contre son cœur, et, joyeux, leur partage le pain qu'il apporte, en jouissant de leur bonheur. Mais, hélas! tant d'émotions l'épuisent; la fatigue de ses anciennes maladies se réunit à celle de ses blessures : il tombe évanoui, ses plaies se rouvrent, et le sang ruissèle. Qui peut peindre la douleur de sa femme et de ses enfants? Quelques personnes accoururent aux cris qu'ils firent entendre; on ranima ce tendre père, et l'on arrêta le sang. Quand on apprit la cause de cet événement, tous les cœurs furent émus, et chacun s'empressa de venir au secours de cette famille aussi intéressante que malheureuse.

NOUVELLE MÉTHODE DE LECTURE, PAR M. PEIGNÉ.

CHEZ LOUIS COLAS,
LIBRAIRE DE LA SOCIÉTÉ POUR L'INSTRUCTION ÉLÉMENTAIRE, RUE DAUPHINE, N° 32.

IMPRIMERIE DE CASIMIR,
RUE DE LA VIEILLE-MONNAIE, N° 12, QUARTIER DES LOMBARDS.

TENDRESSE D'UNE MÈRE.

Un incendie éclata pendant la nuit dans le village du Plessis-Praslin. Plusieurs chaumières étaient la proie des flammes, et tous les habitants s'occupaient à en arrêter les progrès, ou à sauver ce qu'ils avaient de plus précieux. Au milieu de ce désordre, une malheureuse mère s'éveille tout entourée de flammes : elle porte avec effroi ses regards autour d'elle. Dans cet affreux désastre, une seule pensée s'offre à elle, celle de son fils, enfant de cinq ans, qui dormait dans une chambre voisine. C'est là son bien, son seul bien. Elle se précipite.... des tourbillons de feu et de fumée s'élèvent et lui ferment le passage; mais rien ne l'arrête : elle s'élance sur des poutres embrasées, s'enfonce dans cette fournaise ardente, y cherche son enfant, le saisit, et se sauve joyeuse du milieu des flammes qui l'entourent. Sans être touchée de la ruine de sa maison, contemplant sans émotion tous les débris de sa fortune, elle ne voit que son enfant, ne songe qu'à lui, ne veut sauver que lui. Le pressant contre son cœur, elle court jusqu'au milieu d'un champ : là elle s'arrête, et pose son fardeau sur la terre; mais, épuisée de fatigue, elle chancèle et tombe évanouie près de son fils. Ils avaient ressenti tous les deux les atteintes des flammes. On s'empressa de les secourir : hélas! il était trop tard. La mère ne rouvrit les yeux que pour contempler un instant son fils, et pour expirer avec lui.

Cette histoire touchante vous fait voir, mes amis, jusqu'où peut aller la tendresse d'une mère. La vôtre aussi saurait braver les plus grands dangers pour sauver vos jours. Aimez-la donc bien, rendez-lui tendresse pour tendresse. A cet amour filial joignez le respect et la soumission. Oui, obéissez avec plaisir à votre mère; ayez pour elle ces prévenances affectueuses, empressées, qui la dédommagent un peu des peines sans nombre que lui coûte votre enfance. LE FILS QUI N'AIME PAS SA MÈRE EST UN MONSTRE DANS LA NATURE; ET JE SUIS SUR QU'IL N'Y A PAS DE CES ÊTRES LA PARMI-VOUS.

NOUVELLE MÉTHODE DE LECTURE, PAR M. PEIGNÉ.

CHEZ LOUIS COLAS,
LIBRAIRE DE LA SOCIÉTÉ POUR L'INSTRUCTION ÉLÉMENTAIRE, RUE DAUPHINE, N° 32.

IMPRIMERIE DE CASIMIR,
RUE DE LA VIEILLE-MONNAIE, N° 12, QUARTIER DES LOMBARDS.

LE BON FILS.

Un jeune enfant, fils d'un ancien officier retiré dans la province après avoir versé son sang pour la patrie, avait été placé à l'École militaire. On remarqua bientôt qu'à ses repas il refusait les mets servis sur la table, et qu'il se contentait de la soupe avec du pain et de l'eau. On s'en étonna, on lui en fit même des reproches, mais il ne changea pas de conduite, et garda le silence, renfermant son secret en lui-même. Le gouverneur, étonné de cette persévérance, le fit venir auprès de lui : il lui parla avec bonté, et lui représenta combien il était nécessaire d'éviter toute singularité, et de se conformer à la règle de l'école. Il mit tant de douceur et en même temps d'insistance dans ses avertissements, que l'enfant laissa échapper son secret. « Hélas! monsieur, dit-il en sanglotant, vous vous étonnez de ma conduite; mais écoutez, écoutez. Dans la maison de mon père, on ne mange que du pain noir, et ici, je ne puis me résoudre à manger autre chose. Hélas! j'ai toujours présent à ma mémoire l'état de misère où mes parents sont réduits. »

A ce récit, le gouverneur ne pouvait retenir ses larmes. « Mais, reprit-il, si votre père a servi, n'a-t-il pas une pension? — Oui, répondit l'enfant, mais si modique, qu'elle ne peut suffire à soutenir sa famille. J'ai trois frères, j'ai deux sœurs; mon père est vieux, et ses blessures l'empêchent de travailler. — Eh bien! dit le gouverneur, si le fait est aussi bien prouvé qu'il paraît vrai dans votre bouche, nous obtiendrons sans doute pour lui, de la bonté du roi, une pension plus forte : *Le roi ne veut pas que ceux qui ont défendu la patrie meurent dans l'indigence.* Mais vous, mon enfant, puisque vos parents sont si peu à l'aise, sans doute ils ne vous ont pas bien garni le gousset : recevez ces deux louis. Quant à votre père, je lui enverrai d'avance six mois de la pension que je m'engage à lui faire obtenir. — Veuillez donc, Monsieur, reprit l'enfant, y joindre ces deux louis. »

NOUVELLE MÉTHODE DE LECTURE, PAR M. PEIGNÉ.

CHEZ LOUIS COLAS,
LIBRAIRE DE LA SOCIÉTÉ POUR L'INSTRUCTION ÉLÉMENTAIRE, RUE DAUPHINE, N° 32.

IMPRIMERIE DE CASIMIR,
RUE DE LA VIEILLE-MONNAIE, N° 12, QUARTIER DES LOMBARDS.

www.ingramcontent.com/pod-product-compliance
Ingram Content Group UK Ltd.
Pitfield, Milton Keynes, MK11 3LW, UK
UKHW021112200726
13857UKWH00003B/1207

9 782013 067683